非暴力沟通·团队协作篇

[美]艾克·拉萨特（Ike Lasater）©著
[美]朱莉·斯泰尔斯（Julie Stiles）©记录整理
可妍©译　　刘诚哲　卢庆©审核

COLLABORATING IN THE WORKPLACE

图书在版编目（CIP）数据

非暴力沟通.团队协作篇 /（美）艾克·拉萨特 (Ike Lasater) 著；可妍译.— 北京：华夏出版社有限公司，2020.10（2021.6 重印）

书名原文：Collaborating in The Workplace

ISBN 978-7-5080-9951-4

Ⅰ.①非… Ⅱ.①艾… ②可… Ⅲ.①企业管理—组织管理学 Ⅳ.① F272.9

中国版本图书馆 CIP 数据核字 (2020) 第 094098 号

Translated from the Collaborating in the Workplace ISBN: 9781934336168 by Ike Lasater May 2019.
Copyright © PuddleDancer Press, published by PuddleDancer Press.
All rights reserved.Used with permission.
For further information about Nonviolent Communication (TM) please visit the Center for Nonviolent Communication on the Web at: www.cnvc.org.
Simplified Chinese edition copyright © 2020 HUAXIA PUBLISHING HOUSE CO.,LTD.

版权所有，翻印必究。
北京市版权局著作权合同登记号：图字 01-2020-3190 号

非暴力沟通·团队协作篇

作　　者	［美］艾克·拉萨特
译　　者	可　妍
策划编辑	朱　悦
责任编辑	朱　悦　刘　洋
责任印制	刘　洋
出版发行	华夏出版社有限公司
经　　销	新华书店
印　　刷	三河市少明印务有限公司
装　　订	三河市少明印务有限公司
版　　次	2020 年 10 月北京第 1 版　2021 年 6 月北京第 2 次印刷
开　　本	787×1092　1/32 开
印　　张	5.375
字　　数	66 千字
定　　价	45.00 元

华夏出版社有限公司　　网址：www.hxph.com.cn　电话：（010）64663331（转）
地址：北京市东直门外香河园北里 4 号　邮编：100028
若发现本版图书有印装质量问题，请与我社营销中心联系调换。

评　　论

"我和我的学员已经用过这本书里的练习，见证了同理他人对团队合作产生的积极影响。我强烈推荐《非暴力沟通·团队协作篇》这本书，它将帮助你改善团队管理，增进团队成员之间的关系。现在，越来越多的机构追求团队凝聚力和团队合作，这本书为我们构建出美好愿景，并教给我们很多关键技能。"

—— 乔万娜·凯斯托蒂

国际非暴力沟通中心认证培训师

"反馈学院"（"School of Feedback"）创立者

"最近，商业新闻不断告诉我们，应该把同理心和情商管理带入我们的组织文化，通过授权、信任和互惠，团队将更加高效。在工作坊中，这些听起来都是很棒的,但是面对生意场上每日都要上演的冲突,人们会很快退回到他们的旧有模式中去。终于,现在有一本书为读者提供了一个能够即刻使用而且清晰可行的方法。艾克·拉萨特的一生都在帮助机构和个体学习如何处理冲突。他给出了具体的练习方法,帮助团队成员彼此更加开放,让大家能够共同合作,把那些因为冲突而消耗的能量有效地运用到更有创造性的领域。使用本书中的智慧将让你的团队更有活力、更高效,让你的工作更令人满意。"

——ED 尼汉斯

联合药品开发公司

(Collaborative Drug Discovery, Inc.)主席

"企业中的人都明白高效团队的重要性,但是常常不清楚如何培养那些促进团队合作的实用技能。艾克·拉萨特为我们提供了一条清晰的路径。他多年来关

于创建人与人之间高效连接的培训经验成就了这本开创性的书。一旦团队成员学会通过与自己以及他人建立连接来进行沟通,他们将不再退回到无意识的低层次沟通。每个公司的智慧做法是,把这本书永久地放在他们的会议桌中间,并每天都翻看它!"

——丽塔·玛丽·约翰逊

雷瑟基金会(Rasur Foundation)CEO

连接实践(the Connection Practice)国际创建者

《完整连接:融合我们的同理和洞察以实现非凡结果》

(Completely Connected: Uniting Our Empathy & Insight for Extraordinary Result)作者

"艾克和我一直是亲密合作的伙伴,我们在一起合作超过十五年。这本书对任何团队工作来说,都是一本浓缩了沟通技能精华的强大指南。艾克和朱莉用清晰、实用和易操作的方式介绍了解决人际冲突和促进团队高效合作的核心技能。这本书提供了能够让机构更加成功、让员工更加满意的沟通技能和练习方法。在未来的机构中，这些都将成为普遍而重要的学习内容。"

——约翰·凯恩

国际非暴力沟通中心认证培训师

"调和人生"（Mediate Your Life training, coaching, and mediation）的共同创建者

《从冲突到连接：将困难对话转化为和平解决方案》（From Conflict to Connection: Transforming Difficult Conversations Into Peaceful Resolutions）作者

"调和人生"的网址：*www.mediateyourlife.com*

感　谢

如果没有朱莉·斯泰尔斯，我永远不能把这些想法变成文字并出版出来。她从 2005 年就开始为我的写作提供支持。我还要感谢所有参与我的工作坊的学员，这些想法通过这些工作坊才得以完善。

本书介绍的很多练习方法都是在美国心理学家马歇尔·卢森堡博士创立的"非暴力沟通"（Nonviolent Communication, 简称 NVC）的基础上提出的，特别是与"需要"及"请求"相关的术语和概念，都是 NVC 的组成部分。

卢森堡博士提出了高效沟通的四个要素，并对和这四个要素易相混淆的概念进行了区分。所有要素都将在本书中被提及和探讨。它们是：

- 观察（区别于"评判"）
- 感受（区别于"拟似感受或想法"）
- 需要（区别于"策略"）
- 请求（区别于"要求"）

针对如何在沟通中运用这四个要素，与自我及他人建立连接这两方面，他给出了建议，并提出了以下概念：

- **自我同理**：和自己的内在沟通，体会自己的内在发生了什么。
- **自我表达**：向他人说出自己内在发生了什么。
- **静默同理**：默默地在内心体会并猜测他人发生了什么。
- **同理他人**：说出你对他人发生了什么的体会和猜测。

我还要特别感谢卢森堡博士对于"请求"这个概念的洞见。

最后，我要向约翰·凯恩表达我对他的欣赏和感谢，感谢他在我们的长期合作中给我的启发。我们的合作始于 2002 年，他也是"调和人生"的共同创建者之一。

——艾克·拉萨特

目 录
CONTENTS

推荐序一 ··· 001

推荐序二 ··· 015

译者序 ··· 023

引言 ··· 031

    高效团队从何而来？ ··· 031

    高效团队 ··· 032

    重要技能 ··· 035

    为什么要关注人际交往技能？ ··· 042

    如何使用本书？ ··· 044

第一部分　基础概念 ··· 049

    战斗—逃跑—冻住（压力反应）··· 052

    人类的普遍需要 ··· 056

    感受 ··· 061

    拟似感受 ··· 066

    自我连接 ··· 069

第二部分　高效团队在对话中的重要技能 … 075

倾听和被倾听 … 078

提出请求 … 083

准备一场困难对话 … 091

练习困难对话 … 098

总结反思找到新的可能 … 105

第三部分　促进团队合作的其他沟通技能 … 115

打断对话 … 117

"不"背后的需要 … 122

给予和接受反馈 … 128

表达感激 … 133

飞行模拟器练习：给两人组练习的指导 … 137

附录　拟似感受及其背后可能的感受和需要 … 143

非暴力沟通过程的四个部分 … 151

关于非暴力沟通 … 153

关于非暴力沟通中心 … 155

关于作者 … 159

推荐序一
良好的团队合作是企业高效健康发展的保证

如果向企业的领导者和管理者们提出这样一个问题:在日常的经营管理过程中,经常需要面对并处理的问题是什么?尽管回答可能多种多样,但其中肯定会包含这样一个答案,那就是:工作场所中的人际沟通与合作问题。

据一项全球顶尖商学院的联合调查结果显示,大部分企业的中高层管理者每天需要花费约85%的时间处理管理中的沟通问题,而导致出现这些管理难题的重要原因是沟通不畅。

无论你目前或曾经处于企业、组织中的哪一个层级,请你回忆一下,什么时候你感觉心情舒畅、有成就感、与人有连接、受尊重、有支持、工作效率高?什么时候你感觉心情郁闷、失落、沮丧、愤怒、与他人疏离、内心充满纠结与冲突?除了部分市场因素和物质因素等客观因素之外，通常大多数人是在人际沟通不畅，团队协作不佳的时候会有这些不良感受。

企业目标的实现是通过怀有不同感受和需要的人们经由一系列连续的沟通与合作达成的。良好的团队合作是在人们都了解并致力于满足彼此的需要的基础上达成的，因此人们拥有良好的情绪感受。而当人际沟通不畅、团队协作不佳的时候，人们的需要受到忽视、得不到满足，人们体验到更多负面的情绪感受。

究其原因，是因为在日常的人际沟通与社会交往中，人们受习惯性应对思维方式和自动化压力反应模式的驱使，有意无意地表现出许多隐形的"精神暴力"，这些精神暴力在职场中随处可见，诸如：缺乏倾听、主观评判、固执己见、无端指责、嘲讽、否定、说教、随意打断、拒不回应、权力压制、思想控制、比较、回避责任、强人所难、分析诊断、命令、威胁、怀疑、转移话题、蔑视、忽视、排斥、审问、嫉妒、冷漠、无原则和稀泥、通过说好话控制等，继而导致人们情感和精神的受伤，正是这些精神暴力使人际沟通不畅、关系疏远，彼此失去连接，造成冲突与对立，阻碍着团队成员之间的合作，阻碍着企业的健康可持续发展。而这不仅会影响企业的经济与社会效益，还会使人们的职业幸福感以至生活幸福感也受到耗损。

那么，是否有改善的方法呢？答案是肯定的。这取决于企业、组织领导者的抉择，即他们是否愿意破除一些已经习惯的限制性信念，改变一些思维方式，把改善企业中人与人之间的沟通，激发并培育人们更多的同理心，用心倾听，协作共赢，建立高效团队也当作企业领导者和管理者的重要任务。

然而，企业在现实中常常面临的问题是：人们都明白沟通、协作与建立高效团队的重要性，但他们常常不清楚如何培养那些促进团队协作的实用技能，或者说企业在目前的学习、培训体系内，很难有效获得这些技能。

在企业的经营管理中，人际沟通与合作能力常常被叫作"软技能"。这些技能的价值经常被许多职场人士低估。事实上，越来越多的领导者和管理者已经意识到这些"软技能"的重要性。调查显示，有75%的企业领导者认为，这些软技能甚至比职场特定的工作技能——"硬技能"更加重要！但事实上，很少有人注重培养这些软技能。

许多企业认为，员工技能培养和职业发展的重点是培养那些特定的工作技能，而不是增强人际沟通与合作技能。除了一些相关专业的学生，多数人在学校中并没有专门学习过人际沟通、社交与协作技能，仅仅是在成长过程中无意识地从父母、家人的沟通应对模式中习得。许多人甚至凭自己的直觉、习惯和经验来应对，并用这些也许是功能不良的沟通方式与其他人进行互动交流。经常出现的情况是，即便他们感觉这些沟通方式效果不好，也缺乏足够的觉察与改变的行动。当遭遇压力和冲突时，习惯性的压力反应模式又控制了自己。结果常常不是自己所期望的，而自己却像是被魔咒控制一样，一次又一次地进入不良循环中。团队成员身上往往缺少这种有意识的、能够通过觉察并改变的、让团队高效运行的人际交往与协作能力。

关于促进有效沟通，加强人际合作，保持真诚坦率，建立高效团队方面，目前有许多的理论与方法，包括领导力理论、组织行为学、管理心理学、管理技能开发理论等，都有较深入的研究与论述。

我为企业、组织提供应用心理学的相关培训、咨询、教学已经二十多年，服务过上百家各类企业。依据经验，我重点推荐在企业经营管理实践中植入非暴力沟通的理论与实践体系。之所以这样认为，有两个原因：一是中国企业、组织当前的发展阶段对人性化管理提出了迫切需求；二是根据我自2009年开始，在把非暴力沟通的理论与方法引入多家企业、组织培训的实践经验中总结得来的。

非暴力沟通（Nonviolent Communication，简称NVC）由美国著名临床心理学博士马歇尔·卢森堡（Marshall B. Rosenberg）创建，它旨在促进我们与自己、与他人建立坦率真诚、互助友爱的连接，并通过出于善意的给予使得每个人的需要都能得到满足。我们依照它来谈话和聆听，能够使彼此情意相通，和谐相处。

践行非暴力沟通意味着让爱融入生活，让尊重、理解、欣赏、感激、慈悲和友爱，而非自私、贪婪、憎恨、偏见、怀疑和敌意来主导我们的生活。在团队、组织与企业中，它本着互利共赢的目的，用不带伤害的方式化解人际间的矛盾和冲突，有效促进人与人之间心的连结，增进人们彼此的信任、友善、接纳、欣赏和关怀，建立起富有同理心的企业文化，改变消极的看待方式，让彼此更愿意看到对方的良善和美好，这就会有效增加人际间积极互动的比率，从而获得良好的企业综合效益，切实增进员工的职业幸福感。

应该特别指出的是，非暴力沟通不单是一种沟通方法和技巧，它更是思想意识、信念、语言和沟通技能的一种整合，是依据人的内在心理与外在行为的互动规律而发展出来的一套可操作的实用性体系与方法。我们可以这样诠释非暴力沟通：非暴力沟通首先是一种意识，一种基于需要的意识，它致力于满足人们健康成长和发展的需要；它把创造有品质的人际关系作为目标，使人们情意相通、乐于互助、和谐相处；它是一种善意运用注意力的方式，强调在沟通过程中关注观察、感受、需要、请求四要素，并掌握相关的实用技能。所以，非暴力沟通表面上看好像是一种熟练运用四要素的沟通方法，但实际上，它首先是意识和信念，然后才是由此生发的系列沟通方法与技能。如果仅仅把非暴力沟通当作技能或技巧来学习，那就走入误区了。

在应用非暴力沟通为企业、组织进行咨询、培训以及实践应用的时候，我一方面注重非暴力沟通的深度心理学和人本主义心理学基础，并与当今其他心理学理论相结合，同时注重企业实际，做好本土化应用情境的适应性选择；另一方面，我不断探询国外更有经验、更有实操性的理论与技能。

2017年10月，广州东风日产大学邀请艾克老师为部分管理者和企业NVC内训师举办"非暴力沟通职场应用——从冲突到协作"的工作坊，我受卢庆校长邀请全程参加了艾克老师的工作坊，并对工作坊内容进行评估。卢庆是东风日产人事总务部负责人，兼任东风日产大学校长，他一直在探询并实践如何让企业发展可以兼具高效与幸福的双核战略。正是他在2014年决定把NVC引入东风日产，并邀请我们机构首次将NVC植入企业中层管理者的培训中。之后六年时间在他的引领下，他们持续用心地研习，不断探索、实践，培训了30多位自己的NVC讲师，构建起一套十分完善并符合企业实际，在企业中逐渐发挥效能的非暴力沟通学习、应用体系。

通过这次工作坊，我结识了艾克老师，对他经过多年潜心研究与实践而开发出来的"非暴力沟通冲突管理与冲突调解系列培训"特别感兴趣。在深入了解了艾克老师的理论与培训体系之后，我认识到，他的体系正是中国当今众多企业与组织所需要的。在我二十多年的教学和企业咨询、培训工作中，我感觉企业领导者、管理者们最需要学习掌握的就是在意识、理念指导下的，实用的，通过训练可掌握、提升的冲突管理智慧与技能，特别是在现实工作中可操作的技能。在过往的理论体系与教学中，我发现有关冲突管理、团队合作的理论很丰富，而可供训练的体系却没有建立起来。因此在许多人学习之后，他们即使知道了理论，懂得了道理，也无法在实际工作中应用起来，这不得不说是一种遗憾。基于此，我们和东风日产大学的卢庆校长经过认真商议，觉得很有价值也有必要把这系列课程引入中国。

艾克老师的这个系列培训课程也是他通过多年的探索和实践在他的合作者协助下研发出来的。共包含三个阶段，主要内容为：第一阶段，在工作场所中进行协作，主要学会管理自我内在的冲突，以及自我与他人的冲突；第二阶段，促进冲突对话，学会作为调解员去调解两个冲突者之间的冲突与对话；第三阶段，疗愈冲突导致的创伤，促进和解与协作，学习、掌握群体之间冲突的调解过程与技能。三个阶段每一阶段后面都有大量具体，至少连续13周的实践练习，在进行评估合格之后方可进入下一阶段的学习，以帮助学习者扎实地掌握冲突管理与调解的实用技能。

艾克希望，他的这一系列关于冲突调解的项目能够在中国落地，能够帮助更多中国企业的领导者、管理者及员工学会这些技能，从而应用到实际的工作和生活中，有效提升他们的沟通技能和团队合作技能，建立起更多的高效团队。

艾克是一个有使命感的人，同时又是一位有主见，甚至有些固执的人，他严谨、认真、幽默、诚恳，同时又很真实、直率、坦诚。他常常告诫我们的是，一定要把所学用在自己身上，用到实际的工作、生活中，使自己和他人受益，才算是真正有效的学问和技术。他的学问十分重视练习、练习、再练习，并不断强调只有反复实践，才能把这些知识变为自己的东西，才能对企业和组织的发展真正有益。

在持续的培训与教学合作过程中，我从他身上学到了许多东西，包括在我与他产生差异、分歧、争论时得到的学习。曾多年从事律师工作的他，很注重逻辑和实证研究结论。当我提出不同意见和建议时，他一定要我说出依据和相关实证资料，这样才能说服他。工作中，他也有情绪激动、失落、沮丧、担心的时候，但在这种时候，他会立即应用自我连接技术，安静地进行自我同理与自我连接，几分钟后他就能平和下来，充满能量地与他人进行富有成效的沟通。他的严谨、认真与专注给了我很深的印象，值得我学习。艾克具有很强的平等意识和精神，在培训期间，课堂外，他很随和，不搞特殊，也不给主办方提额外的要求，为了方便教学，他提出要与学员同吃同住。这些都呈现着艾克这位非暴力沟通冲突调解培训师兼作家的感染力与影响力。

本书的内容就是艾克老师"非暴力沟通·冲突调解"培训项目第一阶段课程的主要内容，它诠释了非暴力沟通的基础概念，解析了人们常有的、应对压力的自动化反应方式，及其对自己和人际沟通的影响。书中详细阐述了一些人们在职场中进行冲突对话以及促进团队合作时所需的主要技能，包括如何进行自我连接、自我同理，如何倾听与被倾听，如何提出有效的请求，如何进行困难对话等。

这些技能对于意在创立高效团队、改善人际沟通的管理者和员工都是很实用的，就像艾克老师所比喻的，它们就像一张张地图，为人们提供了一个能够马上使用而且清晰可行的方法，指引人们循着地图就能够到达想去的地方。

根据参加我们主办的冲突调解系列培训项目的学员反映,在工作坊学习时,起初还感觉有一些枯燥和单调,但通过持续地学习和工作坊后的高频率训练,深刻感受到课程给自己的觉察、成长带来的积极影响,以及在压力状态下不断增加的自信、从容,还有应对技能的提升,同时也见证了同理自己和同理他人对团队合作产生的作用。基于这些积极影响,它帮助团队成员彼此更加开放、信任,能够共同协作,兼顾彼此的需要,把那些因为冲突而消耗的能量有效地运用到更有创造性的领域。使用本书中的方法与技能将使企业团队更有活力、更高效。

我衷心希望,这本书能够帮助那些正处于人际冲突困境,不知如何调解自己与他人的冲突,以及调解他人之间的冲突,急于寻找有效解决冲突的策略的人;帮助那些正在寻求通过硬管理之外的软技能推动企业良性、可持续发展,增进团队协作和凝聚力的领导者、管理者和其他有需要的人。对这些人而言,它无疑是一本基于实践的、有效的技能操作与训练指南。

这里，我想提醒一下大家，如果你想通过读这本书来提升你高效沟通、冲突管理和团队合作的技能，这是一个正确选择。同时，也请不要期待光靠看一本书或者在很短时间就能实现目标。确实，当我们学习掌握一些实用技能，应用在工作中的时候，有时候立即就能起到明显的效果。但这仅仅是一个开启，更为重要的是，要先培养一种基于需要的共赢意识，相信并树立一些非暴力沟通的信念，在组织中建立一种机制，创设一种情境，让人们可以勇敢地尝试，通过相互支持与协作，在实践中练习、练习、再练习，改变自己那些功能不良的自动化应对方式。久而久之，非暴力沟通以及相应的意识、理念和技能，才能成为助力个人成长与幸福、企业健康与可持续发展的动力。

刘诚哲

心理学博士

BSCMC认证培训师

萨提亚模式家庭治疗全国联盟理事长

萨维亚教育科技（上海）有限公司董事长

推荐序二

NVC，创造相互连接、彼此赋能的美好时代

当看到艾克老师的《非暴力沟通·团队协作篇》翻译样稿时我感觉非常亲切，因为这本书就是艾克老师第一次来东风日产大学上课时的主题。与艾克老师初次见面、聆听他授课以及探讨合作方向的场景依然能清晰浮现在脑海中，当年艾克老师向我提出的三个问题至今仍记忆深刻。

2017年10月，艾克老师第一次来东风日产大学，看到我们有一间NVC主题教室，有一套非暴力沟通（后面简称NVC）课程体系，有10多位内部兼职讲师后，惊叹说这是他在全球见过最重视推广NVC的企业。

当时艾克老师十分好奇地向我提出第一个问题：**为什么东风日产要持续推进 NVC 呢？**

我略微沉思一下，向艾克老师讲起东风日产大学的故事。

2012年4月1日，我从公司营销领域轮岗回到人力

资源领域，负责公司人才开发与培训工作，筹建东风日产大学。当时创新大师加里·哈默尔的一段视频——如何让86%的员工重拾工作热情(盖洛普全球敬业度调查发现，敬业的员工占比只有14%)，让我突然有了顿悟，这其实就是人力资源管理的初衷，这应该成为我们团队的使命。

2013年我陆续读完两本书，有一种醍醐灌顶的感觉。一本是丹尼尔·平克的《驱动力》，讲述如何激发员工的内在动力，一本书就是马歇尔·卢森堡博士的《非暴力沟通》，告诉我们如何让爱融入生活。我好像找到了答案!

2014年我们策划东风日产中层干部年度集训项目，经过前期研究分析，决定将以往中层干部硬技能培训改为软技能培训，设计"从心出发"中层干部集训项目，提升中层干部觉察能力、共情能力、美好能力。提案获得公司领导认可，非暴力沟通课程作为项目课程之一被导入进来。

该项目被实施半年后，科长们的反应褒贬不一，明显有两个阵营：年轻的科长很多感觉一般，少数还有些反感,年长的科长普遍感觉有帮助,还有科长直接找到我表达感谢,说这次集训让自己有获得新生的感觉,希望能继续学习 NVC。结合前期调研,我们发现年轻科长关注事情更多,更注重目标与绩效达成,更需要硬技能提升。而年长的科长关注人更多,因为在与年轻员工,特别是与子女相处过程中存在太多困惑与烦恼。

这坚定我们继续推广 NVC 的决心,也提醒我们推广 NVC 时更要注意方法——让员工根据自己的需要自主报名也许会更好。2015 年我们先后又为中层干部导入 NVC 中阶班、高阶班的选修课,专门给高管开设"NVC,提升你的影响力"选修课,逐渐发现了一批 NVC 铁粉。

随着 2015 年底东风日产人力资源"高效·幸福双核战略"的发布,我们构建出幸福组织建设的金字塔模型,提出幸福组织建设的目标——幸福不仅是一种感受,更要成为一种能力。

学习实践 NVC 就是提升员工幸福能力的有效手段之一。2016 年初我们组织十几位 NVC 铁粉开始开发八个NVC沙龙课，2016年9月8日，八个NVC沙龙课作为东风日产大学幸福夜校的首个项目推出，每周二、周四晚上在NVC主题教室循环开设！后面又陆续推出NVC线上读书会、成长圈、实践营、初中阶班，免费供需要的员工及其家属、邻居、朋友选修学习。同时也逐步将最适用的课程嵌入公司培训项目中，让更多员工接触到NVC。如在制造一线班长训练营中，加入倾听、请求、感激课程，提升班长领导力，降低一线员工流失率，创造友爱的班组文化，得到领导的一致认可。

艾克又很好奇地问我第二个问题：**那你为什么要邀请我来东风日产大学讲课呢？**

我很坦率地告诉艾克，也是因为一本书。学习、推进NVC的三年时间，接触NVC课程主要还是聚焦个人和家庭场景应用，作为企业大学，我们还必须要面对工作场景应用，比如职场压力调解、上下级沟通、跨部门合作、冲突调解，等等。这时候一本台湾繁体版的《这样说话，赢得职场好关系》(简体中文版即将在2020年出版)让我如获至宝，原来还真有人在研究职场如何应用

NVC，作者艾克的名字被我记住了。机缘巧合，我们有幸邀请到艾克老师来东风日产大学讲职场NVC的应用。

艾克老师给人印象深刻的是，始终体现出内外一致的NVC状态——关怀到每个学员，投入每次演练。艾克老师将丰富的人生体验融入教学中，很多问题都被用浅显道理回应，让大家受益匪浅。比如"有些道理只有练习过、经历过，才能明白为什么""练习就是练习，生活也是练习"。随着课程的深入，学员慢慢都喜欢上这位带点冷幽默和牛仔味道的老人。

艾克老师这次主讲的团队协作课程让我看到团队建设的新模式。课程以非暴力沟通为基石，从深度解析"战斗-逃跑-冻住"的压力反应模式开始，探讨通过建立自我连接，由内而外地转变沟通立场和方式，到通过建立与他人连接，改变彼此间的互动模式来促进团队理解与合作。

接着艾克老师很认真地向我提出第三个问题：**未来如何能持续帮到东风日产大学呢？**

当时也邀请帮助我们导入NVC课程的刘诚哲老师

来听课，我们和艾克老师一起讨论未来的合作方向。艾克老师研究最深的领域是冲突调解，出版过好几本书籍。我们以冲突调解为主题，探讨如何在职场中进行应用。这次的团队协作课程到明年的追求梦想课程，其实就是从训练冲突调解基本功并探讨如何化解内在冲突开始，再设计调解自己与他人冲突、调解他人两者之间冲突的课程，继而升级到群体冲突调解与疗愈课程，慢慢地一个冲突调解的三阶课程体系清晰起来。

回顾艾克老师的课程和书籍，有三个显著特点供读者学习时参考。一是提供结构化的设计框架模型，特别容易理解，不仅是整体设计，也包括每个主题设计。二是提供每个主题及相关技能都配有的练习方式及步骤，特别好操作，不仅配备个人练习，也包括两人、多人练习。三是提供"学习-计划-实践-反思"四个阶段模型贯穿每个技能训练，特别有效果。比如学习困难对话，就是按照认识困难对话、准备困难对话、练习困难对话的顺序设计，同时强调练习后反思。

本书既可以理解为一本非暴力沟通促进团队协作方面的学习手册，也可以理解为一本促进团队协作的实战手册，建议较好的学习方式是团队内组建一个学习小组，每个主题一起讨论学习，并持续练习、实践，这样才能充分理解其中精妙，才能在团队协作中发挥作用。如果学习者能在理解并灵活运用 NVC 的四要素后，再阅读学习本书会更容易理解。

最后想对企业管理者说，企业推进非暴力沟通，有两个显而易见的价值，就是让员工更幸福、工作更敬业，让团队成员连接更紧密、协作更畅通，这些在东风日产的企业实践中都得到了验证。

但更想说的是，企业推进非暴力沟通，还有两个亟待发掘的金矿，就是可以更好地同理客户、服务客户，更好地理解市场、设计产品，这些将会是东风日产大学接下来要持续探索的方向！

学习 NVC、实践 NVC、支持 NVC 吧，祝愿每一位 NVC 学习者都能成为 CEO(Chief Empathy Officer，首席同理官)，一起去创造相互连接、彼此赋能的美好时代！

卢庆

东风日产大学校长

广东省企业培训研究会副会长

译者序

我与艾克老师的初识，是 2018 年在昆明举办的冲突管理工作坊。之后，作为翻译，我有幸全程参与了艾克老师在广州东风日产大学三个阶段的冲突管理工作坊。在翻译过程中，我对艾克老师的冲突管理课程有了深刻的学习，对艾克老师本人也有了深入的了解和接触。

印象中的艾克老师，硬朗的身体，一米九的大高个，人群中总是特别显眼。如果要给他一个画像，那就是：一位彬彬有礼的绅士，一位条理清晰、逻辑严密的学者，一位真实、幽默的培训师，一位亲身践行非暴力沟通并希望通过分享非暴力沟通让这个世界更美好的老师。在他的身上，既有理性、冷静的一面，也有感性、慈爱的一面；既有倔强的一面，也有随和的一面；既有严肃的一面，也有活泼起来像个孩子的一面。

他会就"如何优化带领流程"这个问题与主办老师

论证整整一个晚饭的时间。曾经作为律师的他,在面对一个具体问题时,如果没有确凿的证据、一手的证词、权威的论证,要想说服他,真心不容易。而有时,在带领工作坊时,当学员在示范练习中情不自禁地落泪时,他也会红了眼睛。在专业上,他会严格按照他的工作坊流程来带领,并对工作坊之后的练习内容做出要求;而在生活上,他总是随和地配合主办方的安排,对中国饮食也总是充满了兴趣。作为一个无辣不欢的食客,吃到称心的美食,会像个孩子一样地开心。他会努力记住每个学员的名字,有时遇到难读的拼音,会一遍一遍地让我们教他,就像很多人学英文时用中文标注英文发音一样。他有时也干脆用相近的英文来标注学员的名字,然后很认真地读出来。

在我们的眼中,艾克老师像一位慈祥的父亲,一名循循善诱的导师,也像一个平易近人的朋友。2019年是新中国成立70周年,这一年也是艾克老师的70岁生日。10月1日在广州东风日产大学的工作坊间隙,艾克老师开心地和大家一起坐在大屏幕前观看阅兵仪式。当飞机在空中画出70的彩色烟雾时，艾克老师兴奋地喊："嘿，他们在为我庆祝70岁生日呢！"多么可爱的一个老小孩儿！

这位和新中国同龄的老人，在70岁的高龄，仍然不辞辛劳地每年进行三到五次的国际长途旅行，在中国、欧洲带领他的非暴力沟通冲突管理工作坊。旅途的劳顿、时差的影响、新环境的不停适应、工作坊的高强度，这些对于一个普通人来说，都是很难的，更何况在他这样的年龄，个中辛苦可想而知。但是，他从未抱怨过旅程的辛苦。而且，为了给主办方降低开支，他每次都主动找到最经济的航班。每次来中国的工作坊，他都会多预留出几天，自费先到泰国或者中国的其他城市适应时差，以便以最好的精神状态出现在工作坊当中。

用艾克老师的话说，他完全不用这么辛苦地到处旅行讲课，但是他希望用他的努力，把他对非暴力沟通的实践和他自己二十多年律师生涯中在冲突调解方面总结的经验，分享给更多年轻的伙伴，让他们在自我和谐、人际和谐方面真实受益。

2020年2月,在中国的新冠疫情最为危急的时候,艾克老师关切地给我们发来邮件,想知道他的中国朋友和学员们是否一切都好。他每天都在关注中国和欧洲的疫情,只因为这里有一群他牵挂的伙伴。后来他还专门为中国的学员和伙伴做了一场公益的线上课程,分享疫情期间如何做内在冲突调解和自我关爱。他用他的行动,让我们深刻地体验到他对中国学员的关切和支持。

艾克老师经常提起,他从小生活在田纳西州的农场,是一个典型的牛仔,那里充斥的文化是自己必须强大,才能不被欺负。在遇见马歇尔博士之前,他从小的成长环境加上他的律师身份,让他在处理事务时总是保持理性,采取强硬的态度,也因此经历了一些人际沟通的挫折。在跟随马歇尔博士学习的头四年,他对非暴力沟通始终抱持观望的态度,四年当中,他都没有办法开口表达自己的感受。后来慢慢地,他身边的朋友和同事发现他不再那么强硬了,会同理他人了。当他把非暴力沟通融入和客户的互动中时,棘手的案件也似乎能找到切入口了。他开始体会到非暴力沟通有用，开始反思他之前与家人、朋友、同事、客户的相处模式，发现自己身上存在很多的暴力沟通，还因暴力沟通给身边人带来了很多的伤害。最终，他决定放弃自己的律师生涯，全身心投入非暴力沟通的实践和传播。结合自己的经验与心得，他先后出版了六本书籍，从关注内在和谐和自我冲突调解，到关注人际和谐和人际冲突调解，他把非暴力沟通的理念实践性和开创性地运用到解决我们每个人日常的沟通困境中。

这本书来自艾克老师基于非暴力沟通建立的冲突管理项目。书中涵盖的是一阶工作坊（冲突管理工作坊一般包含三个阶段，即一阶工作坊、二阶工作坊和三阶工作坊）中的主要内容，聚焦在如何有效处理自己与他人的冲突。在得知这本书能够在中国翻译出版，并且得到艾克老师的授权推荐后，我无比兴奋地投入这本书的翻译中。毕竟，能够走进艾克老师带领的冲突管理工作坊的伙伴是有限的。这本书的翻译和出版，将能够帮助更多想要学习非暴力沟通，想要把非暴力沟通运用到实际生活，想要更好地解决人际冲突，想要摆脱习惯性反应模式并走出沟通困境的中国伙伴找到一张指引行动的地图。"地图"这个词是艾克老师在工作坊中和书中最常提到的词，他为我们画出的就是一张张实用、容易记住的行动地图。在我们还不能熟练掌握非暴力沟通的核心精神时，这些地图告诉我们，在面对一个个具体的、有挑战的情境时，我们可以从哪里做起。当我们通过练习，熟练掌握这些沟通技能后，我们只需要记住第一步，就会自然地做到后面的步骤，最终摆脱压力反应下的习惯性反应模式，看到更多可能的选择，让行动更加符合双方的长远利益。

艾克老师说，他不希望大家不加思考地接受他的这些经验，而是能够在实际生活中尝试使用这些做法，然后看看是否有效。如果有，他会很高兴自己能够给大家提供一个新的做法。如果没有，或者大家有更好的想法，他希望大家一定要分享给他，让他也可以学习。我想，这是艾克老师对待自己的课程和书籍保持严谨、开放态度的最好说明，也是他想要服务生命、贡献自己力量心愿的最好说明。能够为艾克老师的这一心愿尽自己一份力，我也是欣喜和感恩的。

在学习非暴力沟通近十年的时间里，我深深地感到，这是颠覆我们所有人沟通方式的一个全新视角。对每一个渴望内心和谐、人际和睦、世界和平的人来说，非暴力沟通是一份宝贵的礼物。在近十年的持续学习和实践中，我一次次见证和体会了运用非暴力沟通的语言可以创造出的和谐的人际关系，还有褪去隐形暴力之后所看见的，每个人内心的那份良善和对彼此的关爱。

我们通过语言表达自己、了解他人。语言可以是打开彼此心灵的一扇窗，也可以是隔断人心的一堵墙。善意的语言带来疗愈、温暖和愉悦，恶意的语言带去伤害、痛苦，甚至仇恨。我们说话的方式最终将决定这个世界的温度和我们幸福的程度。而我们每一个人，都可以在自己力所能及的范围内选择使用什么样的语言，选择如何聆听他人的语言，这就是创造人际和睦的开始，也是本书所关注的内容和能够给予我们的指引。

作为一个非暴力沟通的学习者、受益者和传播者，我真心希望这本书可以给大家带去一丝光亮。这一点点的光,终将给我们的世界带去更多的美好和温暖。我想这样的世界,就是艾克老师所说的,是我们希望我们的孩子可以在里面快乐成长的世界,也是我们留给孩子们最好的世界。

可妍

昆明市萨维雅培训学校校长

书香幸福家创始人

引 言

高效团队从何而来?

商业运作离不开团队。对于一个团队——不论是部门内部的团队,还是跨部门的团队,或者是有外方机构(比如承包商或客户)参与的团队——来说,想要获得最后的成功,需要团队成员的共同合作。

然而,不是所有的团队都是高效的。在一些团队的内部,成员间似乎可以很容易地实现融合和合作,而在另一些团队的内部,冲突和挣扎似乎是常态,工作进展也时常受到影响。为什么会有这样的差别呢?高效团队从何而来?更重要的是,我们要如何学习创建融洽和谐而非冲突抵触的团队呢?

回答这些问题前,我们可以先简单讨论下"什么是高效团队",以及"什么让团队更高效",然后我将列出一系列技能,如果一个团队能够运用这些技能,那么这个团队将会展现出高效合作的特征。

高效团队

什么是高效团队?这个概念也许有很多不同的定义。当我说"高效团队"时,我指的是拥有共同目标的一群人通过良好协作创造出了不起的结果。毕竟,商业领域是结果至上的地方。很多方法聚焦在如何设定目标和实现目标上,但如果想要保证团队良好合作以实现团队目标,人际交往能力就变得非常重要。

在商业运作中,人际交往能力常常被叫作"软技能"。这一说法暗含了对这些技能的价值低估。但事实上,越来越多的雇主和管理者已经意识到这些软技能的重要性。调查显示,有四分之三的商业领导者认为,这些技能甚至比特定的工作技能(也被叫作"硬技能")更加重要[1]。然而,却很少有人注重培养这些软技能。因为许多企业认为,员工技能培养和职业发展的着眼点是培养特定的工作技能,而不是增强人际沟通和合作技能。

1　Infographic: Communicating in the Modern Workplace. http://online.queens.edu/onlineprograms/mba/resources/infographic/communicationg–in-the-workplace

大多数人都是从幼儿园开始学习社交技能的。那时，我们被教导如何与其他小朋友一起在沙地中玩耍。很多人以为，如果在幼儿园学习了这些技能，那么长大后也应该能够和他人很好地相处。但是，正如很多经理人知道的那样，团队成员身上往往缺少这种能够让团队高效运行的人际交往能力。

幸运的是，越来越多的研究者开始关注高效团队的形成机制，以及团队成员所需拥有的那些最重要的技能。举个例子，帕特里克·兰西奥尼写了很多关于团队的著作，其中就讲到了有关"团队中什么是有效的，什么是无效的"这方面的内容。他指出了团队协作的五大障碍：缺乏信任、害怕冲突、缺乏承诺、逃避责任和无视结果。他建议，如果一个团队能够高效运作，那么它的典型特征是：团队成员可以轻松地向其他成员寻求帮助；成员不怕承认错误；给予其他成员反馈时不怕承担风险[1]。

谷歌研究最近也指出，创建高效团队的关键是，团队成员间的互动方式。如果团队有一套良好的行为规

---

[1] Patrick Lencioni, *The Five Dysfunctions of a Team: A Leadership Fable* (San Francisco, Jossey-Bass, 2002). 中译本：《团队协作的五大障碍》，中信出版社，2013 年 9 月出版。

范，团队成员就能够更好地合作以实现团队目标，因为这些规范给团队成员创造了一种心理上的安全感。有了这种安全感，团队成员不怕冒一些人际交往的风险，在表达自己的想法时不用担心尴尬或被拒绝。成员间的互动是基于彼此的尊重和信任。

那么，研究者在这些高效团队中发现的良好规范是什么呢？首先，团队成员要有平等的表达机会，团队中的每个人都可以做出贡献，这让团队的整体智慧得到提升。其次，团队成员具备社交敏感性，他们会基于其他人非语言的暗示，根据自己的直觉猜测其感受。换句话说，他们会同理[1]。

随着越来越多的工作需要通过团队合作完成[2]，我们应该更加关注那些让团队实现高效合作的技能，这点将变得非常重要。

---

1 Charles Duhigg, "What Google Learned From Its Quest to Build The Perfect Team," *New York Times*, 2016 年 2 月 25 日。http://www.nytimes.com/2016/02/28/magazine/what-google-learned-from-its-quest-to-build-the-perfect-team.html?smid=pl-share

2 Rob Cross, Reb Rebele and Adam Grant, "Collaborative Overload," *Harvard Business Review*, 1 月 – 2 月，2016。http://hbr.org/2016/01/collaborative-overload

重要技能

那么,让团队高效运作的一些关键技能是什么呢?以下是我的发现。

自我连接

应对压力反应的一项基本技能是自我连接。与自己的连接能帮助你克服自动化反应,通过关注内在的感受和需要,把自己带回到当下,以更加理智的方式进行回应。工作场合里遇到的冲突经常会引发我们的一个本能反应,即叫作"战斗—逃跑—冻住"的压力反应。这是人们面临危险时做出的惯常反应。我们在经历压力时,本能的反应通常会阻碍我们与他人协作,而自我连接会帮助我们与他人创建连接。自我连接的方式有很多,我练习时使用的是一个很简单的方式,即"呼吸—身体—需要"(具体内容详见第72~74页)。我每天有时间就做,在面对压力时的紧张状况下也会有意识地提醒自己停下来,然后做自我连接。

倾听

帮助团队成员营造心理安全感的另一项基本技能是倾听。很多人可能认为他们在倾听上已经做得足够好了,但是我所说的倾听是以让说话者满意的方式倾听,而不是以让听话者满意的方式倾听。这里涉及的倾听技能包括让说话者了解到他们的话被充分听到了;听话者根据说话者的语言猜测他们内心的感受和想要被满足的需要;听话者重复所听到的意思并与说话者核对这些信息是否是他们想要被听到的内容;明确说话者想要从对话中得到什么。简单来说,这样的倾听是带着同理心的倾听。

为什么这种方式的倾听如此重要呢?因为当我们知道他人能够专注地倾听自己,并准确理解自己想表达的意思时,我们也更愿意用同样的方式倾听他人,这样我们彼此间将建立起更多的信任。有了这样的倾听,慢慢地,大家知道自己在团队中能够被理解和接纳,哪怕是在表达自己的脆弱的时候。这样他们就能说出那些本来很难说出口的话,并相信这些话不会引起他人的不快。

这些自然的表达和开放的心态将帮助团队成员更好地支持彼此，从而推动团队向前发展。

提出清晰的请求

提出清晰的请求，同时帮助他人也这么做，是团队高效合作的另一项关键技能。但不幸的是，这个技能也没有得到很好的重视和培养。在缺乏这些技能的团队里，请求可能是模糊的，每个人对听到的请求可能有不同的理解。比如，当会议结束、大家准备离开时，由于提出的请求不明确，参与会议的人可能还是不清楚"谁做什么""什么时候做"等这些关键问题。一个团队只有在知道如何提出一个清晰的请求，并确保团队成员都清楚要做什么时，才能让团队成员对工作更负责，也更关注自己是否达标。

进行困难对话

当两个人或一群人在一起工作时，冲突会时常发生。而事实上，不同观点之间的冲突对一个团队来说是有积极意义的，因为这些观点的冲突可以帮助团队找到更加全面和完善的解决方案。可是这样的机会常常被错过,因为人们害怕冲突,而且缺乏在压力情境下进行困难对话的能力,特别是用能够创造连接和避免冲突的方式进行对话的能力。

这里所说的能力至少有三种。第一种能力是通过化解对他人的负面评判来准备与这个人的困难对话。第二种能力是在出现紧急状况时仍能聚焦在当下,相互倾听,并完成对话。第三种是总结反思的能力,就是对已经发生的对话不再做评判,而是从中学习和反思,以便在未来更好地满足大家的需要。

把这些技能汇总在一起,就会形成一个清晰的循环,我称之为"学习循环"。在这个学习循环中,我们在进行困难对话前可以先做一些准备工作。比如,如果我们对接下来参与对话的人怀有一些负面评判,它将影响我们在对话中保持冷静客观,让对话无法顺利进行。因此,我们需要在对话前做一些同理自己,也同理他人的工作来化解对他人的负面评判,然后再进行真实对话。对话结束后,不管结果如何都要进行总结反思,以便为下一次对话做好准备。有了这些步骤，我们与他人的互动方式将会变得更加成熟和理智，互动结果也将更加趋向于双赢。在一个团队中，通过这样的循环过程，团队成员可以持续地关注到自我需要，同时也关注到团队需要。有了这样的对话氛围，团队成员的心理安全感也将得到提升。对话中大家可以尊重彼此、建立连接、相互倾听，进而建立起更多的信任。同时，团队成员也可以提升社交敏感度，即通过彼此的语言就能够了解对方语言背后的心理需要。

高效团队正是通过一次次这样的对话，让团队成员更好地实现合作，进而让整个团队的创造力得以提升。

打断对话

人们总是被教导说，打断他人是不礼貌的行为。然而，在我看来，更加不礼貌的是，在自己已经无法倾听他人说话的时候还让这个人继续说话。因为人们一直被教导说不要打断他人，所以也就没有机会学习如何有技巧地打断他人——让打断不仅不会破坏彼此之间的连接，反而可以让两个人的连接变得更加紧密。

在一个团队会议上,知道如何打断他人是一项很宝贵的技能,因为它能帮助参会人员不跑题,更快说出重点,也让团队会议更加高效。这不是为了打断而打断,也不是为了表达你的观点而打断,它是为了让会议目标更清晰,让大家聚焦主题,让整个团队的效率得以提升。

给予和接受反馈

反馈能够帮助团队成员学习和成长,促进团队合作。但是,正如很多人都体验过的,在给予他人反馈或者接受他人反馈时,实际的体验感受并不如想象的那样美好。在我看来,这常常是因为我们与自己失去了连接,或者与他人失去了连接。

因此,在学习如何给予反馈时,我们需要关注彼此之间的连接质量,才能让给出的反馈对接受者有所帮助。当人们知道如何给予反馈时,也将能够用一个更加积极的态度来接受反馈,即使他人给出的反馈中带有评判。最后,知道如何通过有效连接给予反馈,增加了人们敢于冒险给予他人反馈的可能性。这也是一个团队高效运作的特征之一。

表达感激

表达感激其实是"给予反馈"中的一项内容，但是把它分离出来作为一项单独的技能是很有必要的，因为在一些地方，表达感激是一个如此陌生的概念。在和我合作过的人当中，我经常听到这样的想法："为什么我要说'干得不错'？他们本来就应该做好他们的工作！当他们没有做好他们的工作时，我才需要告诉他们。"非常不幸的是，这是工作场所里常见的态度。

表达感激其实有深远的意义，特别是在团队合作中。它能创造一种团队文化，让团队成员不仅乐于相互合作，还让大家的工作成果更受重视。感到被重视和被认可的团队成员通常会渴望做出更多、更大的贡献。在团队中建立一些常规做法，比如表达感激、认可他人的贡献、工作进展顺利时进行庆祝等，都会在团队中创造出更多的尊重和信任。这些正是建立优秀团队所需要的软技能，而这一点常常被人忽略。

为什么要关注人际交往技能?

企业领导者的通病是,他们经常只在企业出现明显的功能失调后,才看到这些人际沟通技能的重要性。我想强调的是,这些技能对企业的繁荣发展以及目标的达成至关重要。那么,如何证明这些人际交往技能的好处呢?

要直接说明学习这些技能的好处也许不太容易,但是说明这些技能所能帮助避免的问题要容易得多。当人们掌握了以上我所列出的这些技能后,人际冲突和误会发生的可能性将大大降低。即使冲突和误会确实发生了,人们也有技能来化解这些冲突和误会,而且不会因此感到受伤。负面和破坏性的冲突能够被避免,同时被避免的还有那些潜在的、如果不解决就会破坏团队成员关系的冲突。

当人们能和自我连接,特别是和自我想要被满足的需要连接时,就不太可能说出一些心口不一的话来,也更有可能与他人建立连接。没有和自我的连接,是很难和他人建立连接的。而如果没有和他人的连接，有效的合作也将是困难的。

以上技能都能帮助人们更好地聚焦在当下和自我连接，这样做有很多好处。比如大家对要达成的目标会更加专注，对紧急重要事项会优先考虑，而不会陷在个人情绪和无谓的争吵中。如果每个团队成员都有清晰的目标，整个团队的目标也会更加清晰，实现这些目标的步骤也会更加明朗。当每个人都能聚焦在当下，个人的喜悦感和满意度将得到提升，压力感也会减少。当我们对生活更加满意和热爱，我们就能更好地与人相处，与人合作，共同创造出更优的业绩。

在一个团队中鼓励自我反思，将提升团队的效率以及团队成员的心理安全感，这对实现团队合作是非常重要的。当团队成员能够很好地合作，由此创造出的集体智慧将大于个体能力的总和。团队决策的质量将会更高，有限的时间和资源将得到更高效的利用。通过提升人际沟通技能促进团队合作将为团队带来创新力量，并最终让企业走向成功。

如何使用本书？

我在人际沟通、冲突调解领域工作了二十多年。在此期间，我在全世界二十多个国家为不同文化背景的人提供培训和教练。截至目前，我还没有发现本书描述的方法不适用于哪种文化背景。为什么这些方法有如此广泛的适用性呢？因为本书提供的方法植根于人类共同的心理需要，它超越了文化、语言和国家的疆界。当我们在人际沟通中，把每个当事人看作是和我们自己一样的、有着各种心理需要的正常人时，我们就能够找到一个方法与他们达成合作。

我写作本书的目的是，希望能够帮助你和你的团队成员学习那些促进团队合作的技能。书中的很大部分内容来自非暴力沟通（NVC）的理念。非暴力沟通在减少压力和冲突、创造连接和提高协作方面是一种特别有效的思考和表达方式。

首先，你将在第一部分学习基础内容。我们从冲突场景中经常出现的"战斗－逃跑－冻住"的压力反应开始谈起，它将帮助你有意识地留意那些容易引发你情绪的触发点。然后我介绍了感受和需要的词汇。感受和需要是非暴力沟通模式里的重要组成部分。接下来，你将学习把这两个重要部分运用在自我连接的过程中。自我连接将帮助你在经历压力反应的情境时，从激烈情绪中回到当下，做出冷静的选择。

在第二部分，你将学习在困难对话中运用这些基础内容。你需要练习的沟通技巧包括：倾听他人和被他人倾听，提出清晰的请求，准备和练习困难对话，还有对对话进行总结反思以帮助你看到新的可能。

第三部分将涉及团队合作中所需的一些额外的沟通技能，包括：如何有效打断他人，如何给予和接受有意义和有价值的反馈，如何表达感激。你将练习如何把团队中不可避免的各种挑战转化为团队成员间相互连接的机会，从而提升整个团队的生产效率，减少团队成员间的冲突和压力。

所有这些技能都将让你的团队获得更好的发展，而团队成员在人际沟通中也将更加勇于表达自己的想法。

有了这些技能的帮助，不管在团队内的地位如何，有什么样的权力差异，成员间都能够彼此倾听、相互理解与尊重。

本书没有打算提供一个涵盖团队工作所有方面的指导，它提供的只是一些让团队成员有效沟通和合作的基础技能。一个团队要高效运作，还需要其他部分，比如设定目标、任务期限和绩效评估的准则。其他书籍有讲团队合作这些关键内容的部分，我在这里没有谈及这些内容。尽管如此，你将发现所有促成和维持团队合作的内容都需要团队成员间的有效沟通。因此，本书提供了一个基石，帮助其他和团队合作有关的内容能够落地完成。

虽然阅读本书将对你有所帮助，但是你的团队如果想要有切实的改变，还需要进行坚持不懈的练习。本书提到的每项技能都有逐步的练习指导，以帮助你学习这些技能。本书大部分内容的最好学习方式都是与他人一起练习。为了帮助你设置练习场景以达到练习目的，书里的最后一个部分是用飞行模拟器作为比喻，告诉你如何像飞行员的模拟训练一样练习。在练习中，请你的伙伴调节练习难度，帮助你练习相应的沟通技能。是否与你团队中的人一起练习取决于你。理想的状况是所有团队成员一起学习和练习这些技能，但是即使你是团队中唯一使用这些技能的人，你也仍然能够创造不同。如果你想要在自我心理层面更加清晰和熟练地使用这些技能，记得去看看这本书之前的另一本书《非暴力沟通·职场篇》(*Words That Work in Business：A Practical Guide to Effective Communication in the Workplace*)。

未来有创新能力的团队是把合作能力作为成功基石的团队。本书提供的就是这样的坚固基石。

第一部分

基础概念

在我们的日常生活和工作中，经常需要面对一些困难对话。所谓困难对话，就是让你感到紧张、担忧，不知如何处理，也很怕去面对的对话。当你处在这些困难对话中时，你的内心会经历些什么？你是否会留意到一些很容易触发你、引起你情绪波动的事件和话语？当你处于这些有压力的对话和事件中时，你会有什么样的心理变化？当你的情绪被触发，你能够做点什么让自己聚焦在当下，不让自己被情绪控制进而做出不理智的行为呢？

很多人没有学习过用积极健康的方式来应对这些容易触发情绪的事件。每一次情绪被触发时，他们都会变得愤怒，进入习惯性反应模式，事后又深深自责或责怪他人。他们每次都发誓下次一定不这样，要更好地控制自己的情绪。然而，当下一次类似触发事件发生时，同样的应对模式又会上演。

在这个部分，你将学习如何打破这个习惯性反应模式。在情绪被触发时，如果你能够意识到你被触发了，而且意识到你在这些压力情境中有一些习惯性反应模式，那么你就能够运用自我体验中的两个关键元素——感受和需要，通过自我连接的练习和自己重新连接，并选择更符合你个人价值取向的方式行动，而不是冲动行事。换句话说，你将能够摆脱自动化反应，用我们称之为"临在状态"（即完全聚焦在当下的状态，详见第79页）选择你回应的方式。

这个方法虽然听起来很简单，但做起来并不容易。然而，当你与团队成员或同事出现分歧，需要进行困难对话时，打破习惯性反应模式并进行自我连接是你需要采取的第一步，它将帮助你避免和同事发生冲突，让沟通得以顺利进行。现在，让我们开始学习吧！

战斗—逃跑—冻住（压力反应）

在人们的日常互动中，人们通常会对发生的事情做出自动化反应，无论是在身体健康和人身安全受到威胁时，还是在闲聊中遭遇到不友好的言论时，人体对觉察到的这些身体的或者心理的威胁通常只有一种反应模式，那就是向血液释放压力激素，比如肾上腺素、去甲肾上腺素和皮质醇等。

这种反应模式就被叫作"战斗-逃跑-冻住"反应（Fight- Flight- Freeze Response），或者说，压力反应（Stress Response）。它形象地告诉我们，在身体觉察到威胁时，人类的本能反应就是，要么选择战斗，要么选择逃跑，要么不知所措，像被冻住了一样。

当你需要保护自己免受外界侵害时，压力反应是可以帮助到你的。例如在热带草原上，如果一头狮子正要攻击你，压力反应可以让你集中全部精力以提高逃生机率，这是人类得以生存繁衍的重要自我保护机制。但是，在现代工作和生活中，如果你因为担心即将进行的困难对话，或者因为跟同事发生不愉快的谈话而生气，让自己进入压力反应状态，那么这将不仅会降低你处理问题的效率，还会对你的身体健康造成损害。

人类大脑的深层部分一旦被"战斗-逃跑-冻住"的生存反应触发，就很难清晰、有序地思考，头脑里往往充满了"谁对谁错""谁应该被惩罚"的想法。此外，人们还常常根据过往生活中形成的惯性思维模式和行动方式来应对各种类似情境，这让我们很难有意识地选择更好的语言表达方式和沟通技能来解决冲突。

通常情况下，由于体内压力激素的释放，你的视野会变窄，血液不再分流到生殖系统和免疫系统，而是分流到肌肉和四肢，为逃跑或战斗做准备。你的手心会开始出汗，还可能会感到摇晃而站不稳。

如果你不做点什么来阻止压力激素的释放，你将很难做到清晰、连贯、有逻辑地思考，你可能会按照与自己价值观相违背的方式来做事。

最后，当你从压力反应中慢慢缓过来时，你可能会体验到身体中残留的肾上腺素，它的症状包括无精打采、疲劳、虚弱、口干舌燥、头疼、肌肉疼痛、恶心、呕吐、胃痛、睡眠质量低或睡眠减少、对光线和声音过分敏感、眩晕或感到天旋地转、颤抖等。

能够识别出自己进入了压力反应状态，是改变自动化反应的第一步。接下来，我们要学习两个重要概念——需要和感受。这是当你的情绪被触发时，能够帮助你和自己重新连接的两个重要工具。

练习

回想最近你与某人发生的一场困难对话。在这场对话中,你的体验是什么?思考以下问题,看看你能否识别出压力反应是如何影响你的思考、身体和行为的:

1. 你体验到了什么感受?(你哪里感到紧绷?你的心跳速度和呼吸如何?你感受到体温有什么变化?当时你还有什么其他感受?)

2. 你的头脑里发生了什么?(你是如何看待那个情境的?你对自己或者另外那个人有什么样的看法或评判?你当时的想法是什么?)

3. 你做了什么?(你是战斗、逃跑,还是被冻住了?你实际做了什么或说了什么?你当时的行为与通常你面对类似情境时的反应方式,有怎么样的相似或不同?)

人类的普遍需要

"需要"是行为动机的源动力。比如,所有人都需要水、空气、触摸、与他人连接、乐趣、玩耍、意义、关心、亲密等。每个人都想要满足这些需要,不只是为了生存,还为了有一个令人满意和有意义的生活。

通常,人们会执着地用一个特定方式,即一个特定策略,来满足某个需要。这种执着就会成为与自我或者与他人产生冲突的根源。但是某个需要从来不是捆绑在一个单一策略上的,一个需要总是可以通过多种方式获得满足。只要你时刻知道自己的需要,还有他人的需要,就能找到既能满足自己需要,也能满足他人需要的策略。如果人们意识到自己是用某个特定策略来满足自己的需要的,就有可能看到能够满足自己的同一个需要的更多方法,冲突的解决就是从双方看到新的可能开始的。

当人们意识不到自己的需要,也意识不到自己在用什么样的策略来满足深层需要时,往往就会在这个策略无法达成,进而无法满足自己的需要时,产生负面情绪,对他人行为做出自动化反应,而这样做的后果常常是在生活中制造出各种混乱和冲突。第58~60页列出了人类的一些核心需要,这些需要被分为三个大类,九个小类。

练习

参照下表列出的需要,看看你能否识别出自己在以下情境里的需要:

1. 你现在正在读这本书,你阅读它想要被满足的需要是什么?

2. 想一件你今天早些时候做过的事情。你做这件事情是源于什么样的需要?

3. 你目前所做的工作满足了你的什么需要?在你的工作或事业中,你还有什么额外的需要想要被满足?

4. 想想前一个练习中你用来检查压力反应的那个情境(见第55页)。在那个情境中,你的什么需要没有被满足?

健康幸福

生计/健康	安全	美/平静/玩耍
富足/繁荣	舒适	接纳
锻炼	自信	感激
食物/营养	安全感	感恩
滋养	熟悉感	觉察
休息/睡眠	秩序	平衡
放松	结构性	安心
住所	可预测性	平静
可持续性	保护	幽默
支持/帮助	稳定性	存在感
健康	信任	保持青春
活力	信念	简单
能量		空间
		宁静
		完整
		奇妙

连接

爱 / 关心	同理 / 理解	社群 / 归属感
喜爱 / 温暖	觉察 / 清晰	合作
美	接纳	友谊
亲近 / 触摸	认可	慷慨
陪伴	沟通	包容
慈悲	照顾	互相依赖
善良	听到与被听到	和谐 / 和平
亲密	了解与被了解	热情 / 欢迎
重视	临在 / 倾听	互利
重要性	尊重 / 平等	互惠
扶持	接受 / 开放	伙伴
性关系	承认	关系
尊重	看见与被看见	支持 / 团结
尊敬	自尊	信任 / 依靠
价值 / 奖励	敏感性	透明 / 公开

自我表达

自主性 / 自由	真实	意义 / 贡献
选择	冒险	感谢 / 感恩
清晰	活力	成就
一致性	发现	生产力
坚持	诚实	庆祝 / 哀悼
连续性	主动性	挑战
尊严	创新	效能
自由	灵感	有效性
独立	乐趣	优秀
正直	神秘	成长
权力	激情	学习 / 明晰
授权	自发性	探秘
自我负责		参与
		目的 / 价值
		自我实现
		自尊
		技能 / 精通

感　受

感受是身体的感觉和情绪反应，是你的需要是否被满足的信号。积极的感受通常代表需要得到了满足，消极的感受则说明需要没有被满足。

通过关注你的感受，你能够探究自身更深层次的需要。在我们问自己是否有某个需要，或者他人问我们是否有某个需要时，我们可以先留意自己的感受，这是我们自身非语言的部分。它可以帮助我们识别当前我们是否有某个特定需要，以及这个需要是否得到了满足。通过练习，你可以学着让你的身体信号告诉你，在某个特定时刻，你或者你的练习伙伴是否准确猜测出了你的需要。

感受给了你重要的额外信息，利用这些信息，你能够自由探索你的内心世界和外部世界。当你有了这些额外信息，在面对外界刺激而产生负面感受时，你可以有意识地进一步探索这个感受的来源，即什么样的需要未被满足，进而可以看到更多的选择。这样你就有可能摆脱自动化反应。这些自动化反应最初都是人们在儿时学习到的，然后在成长过程中逐步确立并强化。当你懂得感受是需要是否被满足的信号时，你可以用另一种眼光审视你的生活，以找到更好的方式来满足你以及他人的需要。

比如，当你感到生气时，你可以不像以前那样做出愤怒反应，而是探究生气的感受是源于什么需要没有被满足，然后尝试选择一些与你的习惯性反应模式不同的做法。当你能够选择不同于习惯性反应模式的方式去回应时，你就能学习如何从这些无意识的习惯中解放出来。这个学习的过程不仅让你对自己有所洞察，还让你对他人的内在也有所洞察。所以，感受可以被看作一扇大门——通向对自己和他人内心更深层次的学习。

第 64~65 页列出的感受是从上千个感受词汇中选取出的一部分。

练习

使用下页中列出的感受,看看你能否识别出自己在以下场景中的感受:

1. 想一个你最近觉得好玩的时刻。回想起那个时刻时,你的感受是什么?

2. 想一个你最近参加过的会议。想起那个会议时,你的感受是什么?

3. 想一想你在事业中目前所处的位置和想要达到的位置。在想那些的时候,你的感受是什么?

4. 想一想前面练习中你用来检查压力反应的那个情境见第55页。现在回想起那个情境时,你的感受是什么?

平静	有爱	高兴	好玩	感兴趣
宁静	温暖	开心	精力充沛	融入
镇静	深情	兴奋	兴高采烈	好奇
满足	温柔	充满希望	生气勃勃	热情
全神贯注	欣赏	欢喜	风趣	充实
一心一意	友好	满意	新鲜	专心致志
豁达	灵敏	欣喜	顽皮	警觉
安详	慈悲	欢欣鼓舞	有活力	激发
喜爱	感恩	感激	活泼	吃惊
喜悦	滋养	自信	热情洋溢	关心
满意	热情	激发	眼花缭乱	好奇
放松	信任	感动	冒险	热切
轻松	开放	自豪	淘气	狂热
安静	欣慰	振奋	欢欣	陶醉
无忧无虑	容光焕发	入迷	笨拙	着迷
沉着	崇拜	乐观	活跃	惊奇
愉快	富有激情	荣耀	充满电	有用

疯狂	悲伤	害怕	疲倦	困惑
没耐心	孤独	担心	疲惫	失意
悲观	沉重	可怕	疲乏	不知所措
不满	心烦	恐惧	呆滞	犹豫
沮丧	无助	惊吓	昏睡	混乱
急躁	阴郁	紧张	冷淡	不舒服
紧张	不知所措	战战兢兢	困乏	退缩
不平	冷漠	惊恐	难以承受	冷漠
焦虑	意志消沉	担忧	烦躁	尴尬
恼火	气馁	不安	无助	痛心
恶心	痛苦	极度痛苦	沉重	不安
厌烦	灰心	孤单	昏昏欲睡	恼怒
暴躁	泄气	不安全	没有兴趣	怀疑
仇恨	绝望	敏感	勉强	动摇
针锋相对	伤心	震惊	被动	迷惑
怨恨	不高兴	忧虑	无聊	坐立不安
狂怒	压抑	惧怕	枯燥	焦虑
生气	低迷	嫉妒	无精打采	苦恼
抗拒	可悲	绝望	叨唠	心烦意乱
暴怒	情绪低落	怀疑	闷闷不乐	冷淡
暴戾	忧郁	恐慌	麻木	质疑

拟似感受

由于大多数人没有学习过如何表达感受,所以在表达感受时,区分开何为真正的感受,何为人们经常认为是,但实际上并不是的感受,这点就变得尤为重要。后者我们称之为"拟似感受"。人们在表达拟似感受时,实际暗示的是某人对他们做了什么,而且常常暗含着对这些做法的不满。

以下是一些拟似感受的例子(附录里有更完整的举例),还有在使用这一特定拟似感受的表达时,说话人内心真实的感受。请注意,在真实的感受里,我们列出了多个感受,这通常是判别一个表达是否是拟似感受的主要方法,因为我们可能从一个拟似感受的表达背后挖掘出多个不同的感受。比如,如果有人说"我感到被抛弃了",这是一个拟似感受。当听到这个拟似感受的表达后,我们可以猜测说话人可能是害怕的,也可能是生气的,或者是孤独的。所以,使用拟似感受的表达并不能真正告诉听话人我们内心的感受是什么样的。在下面拟似感受和真实感受的对比表格里，我们还列出了真实感受背后可能未被满足的需要。正是这些未被满足的需要驱使说话人说出了这些拟似感受。

练习

读一读下面列出的拟似感受和这一拟似感受背后可能的真实感受，还有引起这些真实感受的未被满足的需要。你以前经常使用哪一种表达呢？从现在开始，请留意你在日常工作、生活中的想法和对话。当你意识到自己是在使用拟似感受的表达时，试着在内心把它们翻译成你的真实感受和需要。

拟似感受	真实感受	需要
被攻击	害怕　生气	安全感
被背叛	生气　痛心 失望　愤怒	信任　可靠 诚实　尊重
被欺负	生气　害怕 有压力	自主权　选择权 安全感　关心

练习

拟似感受	感受	需要
被批评	痛苦 害怕 焦虑 羞辱	理解 认可 承认
被侮辱	生气 尴尬	尊重 关心 和平
被操控	生气 害怕 无力 挫败 失落	自主权 授权 信任 平等 自由 自由选择 连接 真诚
被压迫	焦虑 仇恨 不知所措	放松 清晰 空间 关心
被认为理所当然	难过 生气 痛心 失望	感激 认可 承认 关心
不被感激	悲伤 生气 痛心 沮丧	感激 尊重 认可
被冤枉	生气 痛心 怨恨 愤怒	尊重 正义 信任 安全感 公平

* 以上内容选自 2000 年 4 月非暴力沟通的一个工作坊（威斯康星国际强化训练营）里做出的列表，由苏珊·斯凯编辑。

现在你已经学习了什么是压力反应，也熟悉了自己在压力反应下可能有的体验和习惯性反应模式，还了解了什么是感受和需要。现在，我想跟大家介绍一个练习，把我们前面讲到的部分都贯穿在一起。当你遇到一些触发了你情绪的事件时，你可以用这个练习和自己重新连接，并回到当下的状态，不会因为情绪的冲动而做出自动化反应，而是能够和自己内心的感受和需要保持连接。这个练习就是自我连接。

自我连接

在介绍人类本能的压力反应时，我们提到，当人们觉察到一个威胁自身安全和身体健康的挑战时，会被触发进入"战斗－逃跑－冻住"的压力反应状态。这时，人们通常会冲动行事，事后又经常为自己当时的不冷静行为后悔。

但事实上，在压力反应中，你可以有意识地做一些特别的事情，来关注你内心想要被满足的需要，并思考你可以做点什么来满足这些需要。在你了解了压力反应是怎么回事,并知道了在压力反应下你的身体会出现什么样的感觉后,你就可以在遇到引起你情绪波动的事件时,觉察自己是否进入了压力反应状态。如果是,你就可以有意识地通过自我连接,关注自己内心的感受和需要,从而更加理智和有效地对事件做出回应。所以,自我连接是一个帮助自己在压力时刻回到当下,不被情绪控制,做出理智选择的方式。它能帮助你用更接近你价值观的方式采取行动,也降低你事后后悔自责的可能性。

练习当你经历压力反应时如何行动是很有必要的。古希腊人早在两千六百多年前就知道这一点了:

在逆境中,我们不能达到我们预期的水平。我们会跌到我们训练时的水平。

——阿尔奇洛克斯

古希腊军人、诗人,公元前650年

因此,当你处于压力之下时,要想按照你希望的方式行动，平时的训练是非常必要的。这就是越来越多的现场急救员、军人、医护人员和其他需要面对压力工作的人员要在很多模拟情境中训练的原因。通过模拟真实情境，他们能够在训练中感受到身体面对压力反应时的紧张状态，并练习在这种紧张时刻如何做出有效回应。

前人和很多科学研究都指出，把注意力放在呼吸和身体的感觉上可以帮助我们更好地与自己重新连接，并把意识带回到当下。通过定期的自我连接练习，在你感到心理或身体受到挑战的情境里，你将能对这些情境做出更加有效地回应。此外，如果你每天都能够练习自我连接，这个练习将不断提醒你关注内心的需要，以及寻找更好满足这些需要的方法，而不是执着于某个特定策略，或者是逃避现实来忽略自身需要。

你每天最好能留出至少五分钟的时间来练习自我连接。事实上，只要你有时间，一天之中的任何时刻都可以练习。你练习得越多，就越有可能在有压力和挑战的情境里保持临在状态。

建议练习自我连接的时间：

- 每天预留出固定的时间，例如早上起床后的第一件事。
- 两个活动之间的空隙，比如在等待一个会议开始的时候。
- 一天中可以任意活动的休息时间。
- 当你感到紧张的时候。

> ## 练习
>
> ### 1. 呼吸
> a. 把注意力放到呼吸上，深深地吸气，慢慢地呼气，让呼气的时间长过吸气的时间。
>
> ### 2. 身体
> a. 继续这样的呼吸，然后把注意力转向你的身体。让自己完全沉浸到此刻的身体体验中：
>
> （1）扫描你身体的各个部分，关注各个部分的感觉。不论有什么样的感觉，都不用跟自己对话，只要去体验这些感觉。
>
> （2）接下来，跟自己对话，说说你所体验到的感觉。例如："我的肩膀不舒服，胃里有

练习

些热热的感觉。"

(3)然后给你体验到的感觉找一个名字。例如:"我觉得很兴奋"或"我觉得很难过"。

3. 需要

a. 最后,问问自己:"当我有这种感觉的时候,是身体在传达'什么需要被满足了或未被满足'的信号吗?"当你回答自己的这个问题时,留意你身体的感觉,它会传达出一个信号,告诉你是否找到了正确需要。

b. 在脑中想着这个需要,想象一下,如果这个需要被充分满足了,你会有什么样的体验。

c. 问问自己:"我如何能在现在和未来满足这个需要?"

* 注意:通过做 3b 和 3c 的练习,你的大脑会在幕后默默工作去寻找满足这个需要的策略。这和抑郁的人如果不寻求帮助会越来越抑郁有着相同的大脑运行机制。比如抑郁的人常爱问这样的问题:"我为什么又把事情搞砸了?"当他们问"为什么"时,大脑会搜索答案,而这个答案通常带有"我不够好"和"我有缺

练习

陷"的负面评判。这个答案将让他们变得更加低迷抑郁,无法自拔。如果不问"为什么",而是问"如何做",比如"我下次如何能够做得更好",大脑就会尽可能地寻找解决问题的方法。所以,"如何做"通常让你采取行动,而"为什么"通常让你停留在自我评判的执念里,无法行动。通过在练习中问自己如何能够满足自己的需要,而且想象这个需要得到了满足,我们可以利用大脑的这个机制帮助自己看到更多的可能,并且积极地行动起来,让这些需要得到满足。

第二部分

高效团队在对话中的重要技能

在第一部分，你学习了压力反应，学习了如何与自我连接，关注内在的感受和需要。与自我连接是我们在沟通中做的第一步，与自我连接后，我们才能与他人连接。在连接的过程中，感受和需要都是我们要关注的内容。当你能够关注和识别出自己的感受和需要，自然就会开始关注和猜测他人的感受和需要。

在第二部分，你将学习一些帮助你更好与人互动的基础技能。

首先是倾听。在与人沟通的过程中，你首先需要做的是倾听他人，并把你所听到的意思反馈给对方，以便了解自己是否正确理解了对方的话。

然后是向他人提出请求。在团队工作中，你可能经常需要请其他团队成员做一些事情。在这一部分，我将介绍如何向他人提出请求。因为提出的请求能够兼顾双方的需要，所以容易被他人接受，从而得以执行。

此外，在一个团队中，团队成员对一些重大问题，比如团队下一步该如何发展，通常会有争议和分歧。这些争议就可能导致团队成员间的困难对话。第二部分的最后我将介绍如何准备这些困难对话，在对话中如何保持临在状态，以及在对话后如何进行总结，这样你才能从已经发生的事件中学习，并在下一次对话中，用更好的方式满足双方的需要。

倾听和被倾听

很多人在倾听他人说话时其实已经在思考自己要如何回应了。但这样的倾听方式不是我们所倡导的。我们主张用临在状态倾听。在临在状态里，你的注意力全部都在当下说话人的身上，这样你才能和自己所倾听的人保持连接，并带着好奇心去了解他们在说什么，以及他们试图满足的需要是什么。

当你可以猜出对方在说话时内心的感受和需要，并把这个猜测表达出来时，对方将感到被你关注和理解了。你表达的方式可以是用语言的方式，即说出你对对方意思的理解，包括你猜测的对方的需要；也可以是用非语言的方式，比如表情、动作，来表达你对他们的理解和关注；还可以用提问的方式来阐明你所理解的意思，表明你在集中注意力听他们说话。所有这些方式加在一起，就是我们所说的"同理倾听"。

这个过程也常常帮助说话人获得与他们自己以及与他人的连接，帮助他们明白自己在说话时的需要是什么，是什么造成了他们所谈论的情境，以及他们能够做什么来满足自己的需要。

为了更好地练习，我们从同理倾听的过程中分解出四个最重要的元素。

同理倾听的四个元素

1. **临在状态**：把注意力全部放在说话者身上，不要想他说了什么或者你要如何回应他，而要练习如何让自己能够完全聚焦在当下的状态。

2. **静默同理**：默默地在心里想一想说话者想要表达的意思，包括说话者在描述的事件中有什么样的观察、感受、需要和请求，默默猜测对说话者而言，重要的是什么。

3. 表达理解： 把你理解的意思讲给说话人听。这会让说话者感到他们的想法被听到了。在这里非常重要的是，你要清楚地告诉对方你听到了他们所说的话。然而，听到了他们所说的话，并不代表你同意或者反对他们所说的，也不代表他们所说的就是客观真实的。你只是反馈你所听到的想法，并不代表那也是你的想法。

4. 猜测需要： 猜测说话者说这些话时的内心需要。正是这些需要驱动了说话者说出了那些话。比如，当说话者谈论的是工作里的一个挑战时，你可以这样猜测，"他是否感到沮丧，因为他想要团队里有更多的合作？"注意不要使用拟似感受，而是把它们翻译为描述身体感觉或情绪的词汇。这样可以帮助说话者识别出他们真正的感受和感受背后的需要。一旦说话者阐明了他们的需要，你可以鼓励他们多花一点儿时间来思考这个需要。最后，你可以鼓励说话者想一想，他们是否可以向他人提一个请求来帮助自己满足这个需要，或者想一想他们可以做点什么来满足自己的这个需要。

练习

方法1：伙伴A倾听伙伴B，伙伴B谈论一些对自己重要的事情。伙伴A练习同理倾听的四个元素，练习时间分配如下：

1. 临在状态1分钟
2. 静默同理1分钟
3. 表达理解2分钟
4. 猜测需要2分钟

方法2：伙伴A倾听伙伴B，伙伴B谈论一些对自己重要的事情。伙伴A练习同理倾听：

1. 在临在状态和静默同理之间交替练习2分钟
2. 在表达理解和猜测需要之间交替练习4分钟

总结反馈：

1. 伙伴B分享他（本书练习中的"他"代指伙伴B）在练习中的感受如何，分享伙伴A说了什么或做了什么，并引发了他什么样的感受。分享感受是衡量伙伴B和伙伴A之间连接质量的一个方式，验证伙伴A为创造彼此间的连接所做出的回应是否有效。

> **练习**
>
> 2.如果伙伴A想要提供额外的反馈,首先需要询问伙伴B是否想要这样的反馈。
>
> **重复:** 在总结反馈以后,调换角色,重新开始。

同理倾听的四个元素在这里被分成按照顺序练习的四个步骤。当你对同理倾听足够熟练以后,你可以在倾听他人时灵活使用这四个元素,并不需要遵循固定的顺序。

当你在"现实环境"里对话时("现实环境"指的是你工作和生活里的真实情境,而不是在工作坊里的练习环境),尽可能多地在对话中练习临在状态,因为它是其他同理元素的基础。有了这个基础,你可以时刻评估什么是创造连接的最有效方式,并基于这个评估选择任意方式创建连接,包括静默同理、表达理解、猜测需要,以及其他所有能够创造连接的策略,比如讲故事、说笑话、提建议、玩游戏和其他任何你所知道的方法,你可以在倾听和对话过程中将它们编织在一起使用。

当你和对方有了连接,提出你想要的或者帮助对方提出他们想要的就变得容易多了。在团队工作中,知道如何提出容易被接受的请求对保证团队工作效率是非常重要的。接下来,我们就来看一看什么是请求,以及如何提出请求。

提出请求

你是否有过这样的经历:你参加了一个会议,可是会议结束后,你仍然不清楚会议最终达成了什么协议,或者下一步大家需要做什么。还有,你是否遇到过老板给你布置了一个任务,或者你给下属布置了一个任务,可是你们对这个任务的理解完全不一样,导致任务最终没有圆满完成。相信很多人对这些类似的情境都不陌生。向团队成员提请求是团队工作的必要内容,但是很少有人学过如何明确表达他们的请求,以及如何提出易被接受的请求。这导致团队工作中出现了大量的误解和冲突。

讲到请求,我们首先要区分的是请求和要求。那么,这两者有什么区别呢?

要求是对方如果不按照你说的做,就将面临相应的后果。这个后果是你明确告诉对方的,或者是暗示给对方的。它可能是身体上受到惩罚、经济上遭受损失,也可能是情感上遭到威胁。

请求是请对方做一些事情,你希望对方做这些事情来满足你的某些需要,同时对方做这些事情也可以满足对方自己的需要。如果对方拒绝你的请求,你不会施以报复或强迫对方去做。

以下是两种类型的请求:

行动请求

这是对一个具体行动提出的请求,可能是他人向你提出来的,也可能是你向自己或者他人提出来的。这个请求如果被执行,将满足你的需要。比如:"你能不能给我一杯水?"或者:"你能不能告诉我你对这个方案的想法?"或者:"你能不能在周五下午 5 点前把报告放到我的桌子上?"这些都是针对某个具体行动提出的请求。

过程请求

这是在你说完一段话后,向他人提出的请求。它又可以分为两类请求,一种是请他人告诉你他们刚听到你说了什么,另一种是让他人告诉你他们听到你刚说的话以后有什么样的感受。

1. 当你让他人告诉你,他们听到你说了什么的时候,你是在判断他人是否准确理解了你所表达的意思。这个请求是这样的:"你是否愿意告诉我你刚听到我说了什么?"

2. 当你让他人告诉你他们听到你说的话以后有什么样的感受时,你是在试图评估你们之间的连接质量。比如,如果对方听到你的话以后感到很困惑,你可以从中得到重要信息,进而决定接下来如何继续对话。如果对方说听到你的话以后很感激,你可以推测你们之间的连接质量还不错。这个请求是这样的:"听到这些,你感觉怎么样？"或者："你已经听到我说的话了，你现在觉得怎么样？"

有效请求有以下特征：

1. **具体可行**。请求应该是具体的，可以让人们清楚地判断它是否被完成。比如，"你能不能更体贴一点儿"就不是具体可行的。但是，"你喝完咖啡以后能不能把杯子放在洗碗机里"就是一个具体可行的请求。

2. 用**现在时态**表述你希望现在发生什么。举例来说，即使你请求的是一些未来的事情，比如你希望对方在周五前完成报告，你也是询问此时此刻对方是否有在周五前完成报告的意愿。你可以这么问："你现在能不能告诉我，在周五5点前你能完成报告吗？"

3. 使用**正面行动的语言**来表达，即说明你想要的，不是你不想要的。比如，"你能不能不再打断我"是表达你不想要的。我们需要用正面行动的语言来表达，如："你能不能让我说完我要说的话？"

有效请求的检查清单：

当你提出一个请求时，你可以问问自己这个请求是

否有以下特征:

- 请求是具体可行的吗?
- 请求是用正面行动的语言提出的吗?
- 请求是用现在时态表达的吗?
- 请求是作为请求,而不是作为要求提出的吗?

有时,为了让请求的行动得以展开,依据双方的意愿和所处的情境,需要协商达成一些协议。行动请求会产生三种类型的协议:**主要协议、支持协议和修复协议**。

1. **主要协议**聚焦的是最初的请求内容。这项协议一旦达成,涉及的相关当事人通常会把它作为中心协议,约定好做什么、由谁做、什么时候做等关键问题。比如丈夫和妻子达成协议:丈夫保证每周有三天六点前回家和家人吃饭。在达成主要协议后,你也许需要制订支持协议或修复协议来保证主要协议得以执行。

2. **支持协议**是为了支持主要协议得以履行。一旦你达成了一项主要协议,你也许会问:"我们能够有一些额外的协议来保证我们每个人都按照主要协议里同意的方式去做吗？"这些额外的协议就是支持协议。在上面丈夫和妻子达成的主要协议里，可以有一些支持协议来保证主要协议得以达成，比如丈夫答应在手机上设置闹铃提醒自己回家的时间，或者丈夫把和妻子达成的协议告诉主要的工作伙伴，让工作伙伴支持他履行这项协议。

3. **修复协议**是在主要协议没有被履行的情况下使用的。你也许会问："如果我们当中的一方没有按照主要协议里同意的方式去做，我们能够做什么？"修复协议使用的就是"如果……那么……"的表达。这些协议可能包括要采取的补救行动，还有对未履行协议的相关当事人的处罚措施。比如，在上面丈夫和妻子的协议里，修复协议可能是："如果丈夫没有做到每周有三天六点前回家和家人吃饭，那么丈夫将在家庭会议上向全家人道歉，并说出以后将如何保证和家人在一起的时间。"

提要求的后果

"非暴力沟通"的创立者马歇尔·卢森堡曾经说过，你可以强迫他人做你想要他们做的，**但是不可能让他们出于你想要他们这么做的原因去做**。这是一个极为智慧的洞见。当你向他人提出一个请求，你不仅希望这个人做你请他做的，还希望他是出于他自己也高兴的原因去做的，或者是出于满足他的需要去做的。

想要达成这样一致的做事动机，似乎要花很长时间去沟通才能实现。为什么要这样麻烦呢？比如，在工作中，你要给一个下属布置工作，直接让他按照你说的去做不就可以了吗？尤其在某些工作场景里，这就是大家墨守的规则。比如，当消防队员去救火时，只有一个消防队长，现场的消防队员都是按照指令做事。但是即使是在这样的情境里，消防队员也要为他们自己和他人的安全负责，因此他们也会质疑消防队长下达的不必要的且危及生命的指令。而且即使在这样的工作场景里，通常也有一些反馈机制对发生的事情进行回顾和总结，从而让所有人员都有所学习，以便未来能够做得更好。

通常要求他人做某件事情时，都会有一些不想看到的后果。如果你担心提请求会比提要求花更长时间，请问问自己："现在花这点儿时间沟通会不会为未来节约更多时间？"请想一想，你是希望这个人就是简单地按照你说的做，还是也想让他对所做的事情有所认同呢？你想不想团队成员间的合作是发自内心的，而非被迫的呢？

如果想,就请思考一下,请求是不是能比要求更好地实现这些目标。

当然,在一些特定情境里,考虑到形势的危急和时间的紧迫,你会选择直接使用武力或命令。

比如,当一个2岁的孩子马上跑到车水马龙的公路上时,你会采取果断行动把孩子带到安全的地方。在你行动之前,你不会谈论孩子的需要和你的需要,但是在回到安全的地方以后,你可能会跟他们谈一谈。

如果在一些情境里,你已经决定要使用要求,而不是请求,请先问自己下面的问题:

- 除了要求,我能不能想到别的方式来满足我的需要以及其他人的需要?
- 如果没有别的方式,我是否清楚自己没有因为愤怒或者想要惩罚他人而行动?
- 我是否愿意在事后修复和对方的关系,或者我是否愿意接受因为我的强行要求而可能产生的后果,比如与对方失去连接?

关于请求的最后说明

关于请求的一件有趣的事情是，你无法预知你是在提请求，还是在提要求。尽管你可以在提出请求前尽可能地明确自己的想法，以及说明你是在向对方提请求，而不是提要求。但是只有在你提出请求，并且被对方拒绝后，留意你接下来的反应方式，你才能肯定地知道自己是在提请求，还是在提要求。如果在对方拒绝你的请求后，你的反应方式是试图强迫对方按照你所说的做，不管是用武力的强迫，还是情感的强迫（比如威胁要惩罚对方，或者让对方因为拒绝了你而感到羞耻或愧疚），只要有任何形式的强迫，你实际上就是在向对方提要求，而不是提允许对方拒绝和关注双方需要的请求。

准备一场困难对话

困难对话，是指那些让你感到困难和有压力的对话。比如，在你的团队里，有一个人总是和你有冲突，或者对你有误会，当你需要和这个人对话时，你们的对话就可能是一场困难对话。还有,你可能要面对一些会让你焦虑的特别场景,比如跟老板请求升职加薪,或者跟上级承认犯下的一个错误。这些场景里的对话也可能是困难对话。而常常让困难对话变得更加困难的是你头脑里存在的各种评判,包括对自己的评判、对他人的评判,还有对场景的评判。

人们常常在头脑里持有一系列对他人的评判,并且用这些评判编织出各种故事,这些都妨碍了人们看到他人真正的样子。当对某人心存评判时,我们是不太可能对这个人产生积极影响的,因为我们不喜欢这个人的想法会通过我们的行为、语气和表达方式泄露出来。要阻止这些想法的泄露几乎是不可能的,对方会觉察到这些微妙的线索,即使是在无意识的状态下,也会感受到自己不被喜欢。

对他人的负面评价或评判,我们称之为"敌人形象"。敌人形象让我们很难与这个人有连接,或者对这个人感到关心和慈悲。它阻止了我们看到和承认彼此共同的人性部分。

当你认为他人是错的、坏的、应该被惩罚的，并且基于这些评判的想法对他人产生负面印象时，你不仅让自己和对方失去连接，还常常因为这样的评判感受到内心的不愉快。你也许会感到厌恶、怨恨、愤怒，甚至仇恨。当你怀着这些敌人形象时，你的内心也在受苦，而且你将不能有效地在与这些人有关的情境里做出更好满足自己需要的回应。

通常来说，人们往往会因为负面评判生出敌人形象。但是，你也可能因为积极评价而产生敌人形象。比如，当人们把某人放到很高的位置上时，你可能会对这个人产生距离感。或者当你站在一位偶像身边时，也会受到敌人形象的影响而变得紧张、说不出话和局促不安。在这些情况下，你对他人的评价是积极的，但是这些评价还是让你和这个人失去了连接。

下面的这个练习，可以帮你化解敌人形象。通过消除对他人的敌人形象，你能够更多地聚焦在当下，与他人有所连接，从而以更加轻松自在的状态与这个人展开困难对话。

练习

对于这个练习,你既可以找一个练习伙伴一起做,也可以通过独自做书面记录或思考来完成。如果你是和一个练习伙伴来做,那么你需要先设置好你们要练习的情境。伙伴A讲述一段不愉快的经历,伙伴B通过这个练习过程来支持伙伴A,帮助伙伴A首先同理自己,弄清楚自己在这个经历中的观察、感受和需要;再帮助伙伴A同理这段经历中涉及的另一个人,猜测这个人的感受和需要,最后帮助伙伴A看到新的可能。

第一部分
同理自己

1. 观察:
   a. 对方说了什么、做了什么触发了你不愉快的情绪?
   b. 你对对方有什么样的评判、敌人形象和由此编织出的故事?

练习

2. 感受：你身体内有什么样的感觉和情绪？要清楚地表达你的真实感受，而不是拟似感受。
3. 需要：是什么样的需要引发了你的那些感受？注意，你要表达的是需要，不是满足需要的某个具体策略。花一点儿时间仔细感受你身体的感觉和需要。

循环练习：伙伴A在进行这三个步骤时，也许会有更多的情绪被触发出来，这些情绪都需要自我同理。如果出现这种状况，伙伴A可以重复做步骤1-3，直到感觉已充分地同理了自己，与自己的需要连接，并感受到一种内在的平静、放松和回归自我。

第二部分
同理他人

1. 观察：
   a. 你说了什么、做了什么触发了对方的反应？
   b. 对方对你和那个情境的想法可能是什么？

> **练习**
>
> 2. 感受:对方可能的感受是什么,可能会有什么样的情绪?
> 3. 需要:对方可能有什么样的需要?你需要同理的是对方可能拥有的需要,不是满足需要的某个具体策略。
>
> **循环练习**:在进行这项练习时,可以持续重复这三个步骤,直到感觉自己充分地同理了对方,与对方有所连接,并有更多的平静,且不再有那么强烈的反应。伙伴A在试图同理他人时,也许会被再次触发进入自己的情绪反应里。如果发生这样的事情,可以回到第一部分,同理自己。根据实际情况,可以在第一部分和第二部分之间往复练习。

第三部分
看到新的可能,从而使双方需要得到满足

问问自己:

1. 从第一部分和第二部分中学到了什么?现在是否

练习

有任何新的想法、观点,或者看到新的可能?
2. 在完成了自我同理和同理他人后,想一想是否有能够同时满足双方需要的策略,看看是否能想出一个可以向他人提出的、具体可行的、正面行动的请求。
3. 练习:在想出了一个可行动的请求和计划后,你可以进行练习。练习的内容包括你会跟对方说什么,还有对方如果出现一些对你来说具有挑战性的反应,你该如何应对。你可以和一个教练或练习伙伴通过角色扮演的方式来练习这场对话,也可以独自用书面记录的方式来练习。

循环练习:伙伴 A 在进行这些步骤时,可能会有更多情绪反应出现。这时可以回到第一部分和第二部分,整个练习可以在第一、二、三部分之间往复进行,直到三个部分全都被完整地完成了。

不论何时，如果你知道自己将面临一场困难对话，你都可以使用上面提到的步骤来处理你对自己或对他人怀有的敌人形象，为这场困难对话做准备。有时，你可能不知道对话将会变得困难，当你发现自己在对话中被触发并进入压力反应时，你可能已经陷入情绪之中，和自己失去连接（后面简称"失连"）了。这个时候，你可以请求暂停一下，和自己重新连接，然后再回到对话里；或者先结束对话，然后使用后面会讲到的总结反思来重新审视已经发生的对话，并为开启新的对话做准备。

你还可以用另一种方式练习，让一些特定情境不再那么轻易地触发你，这就是我们接下来要介绍的内容——练习困难对话。

练习困难对话

你是否有过这样的经历：被某些人的某些行为或话语激怒。事后你发誓，如果再遇到同样场景你再也不会让他们激怒你。然而当你再次面对同样的场景时，你很容易被再次激怒，并进入同样的反应模式里。这些容易触发你情绪的事件很可能与你的童年遭遇有关，也可能击中了你心中特别敏感和脆弱的部分。要处理这些容易触发你的事件也许不那么容易，但也不是不可能的。这个部分的练习就是帮助你脱敏，即对那些容易触发你情绪的对话不再那么敏感，不再只会习惯性地应对。

练习困难对话，可以帮助你提前准备那些可能对你有挑战的对话。同时，你也可以在经历了一场不那么愉快的对话后，就对话里触发情绪的部分进行练习，让自己从已经发生的对话中学习，特别是如果你希望有机会重新开启这场对话，那么提前练习将让你更有信心面对新的对话。

不管你用来练习的困难对话是一场已经发生的对话，还是你预期可能会发生的对话，在通过角色扮演模拟真实情境的练习中，你的练习伙伴会向你发出那些容易触发你情绪的信号。这样你将有机会体验到当自己被触发，刚刚进入"战斗－逃跑－冻住"的压力反应时，你会有什么样的感受。通过这个练习，在你进入真实对话后，如果遇到同样的触发信号，你将不那么容易被触发，或者在被触发后能更加清醒地意识到自己情绪的变化。你越早意识到自己被触发，就能够越快做出不一样的选择。比如可以让自己平静下来，做自我连接，让自己回到当下，从而减少身体系统里面压力激素的释放，进而降低压力反应对自己的影响，用更符合自己价值观的方式做出回应，而不是做出习惯性的冲动反应。

练习

找到一个练习伙伴，设置好你们想要练习的场景，与伙伴商量谁先开始。（假设先开始的是伙伴A）

1. 伙伴A首先告诉伙伴B：
    a. 伙伴A想要伙伴B扮演的那个人与自己的关系。比如："我想你扮演我的一个同事。"或者："我想你扮演我的一个下属。"或者："你将扮演我的老板。"或者："你是我的一个顾客。"

练习

  b. 伙伴 A 的触发信号。这是伙伴 A 请伙伴 B 在练习中说的话或做的事，这些话或这些事就是会触发伙伴 A 进入压力反应的信号。

从第二步开始，"你"指的就是伙伴 A。

2. 检查一下你是否想要在练习开始前做一次自我连接。

  a. 把一个有压力的情境带入脑中，并把它告诉给你的练习伙伴。这个过程本身可能就会触发你的压力反应。如果你想在练习开始前先做自我连接，可以把你做自我连接的过程说出来，也可以让伙伴 B 帮助猜测你的感受和需要。你可以选择是独自完成自我连接，还是请你的伙伴通过同理来支持你。

3. 告诉你的伙伴你准备好让他向你发出触发信号了。让你的伙伴在开始时用一个较低的情绪强度发出触发信号，然后慢慢提升情绪强度。

练习

4. 当你留意到自己被触发,有了压力反应的第一个感觉后,就举手示意你的伙伴停下。

5. 做自我连接并把这个过程说出来,这样你的伙伴就可以知道你的内心发生了什么。如果你需要的话,可以让你的伙伴通过同理来支持你。

6. 做完自我连接,感觉自己已经回到当下,情绪状态平稳后,问问自己:"我是否听到这个触发信号里面有'请'或者'谢谢'的意思?"也就是说,对方这么说或这么做,是否在向我表达请我为他做点什么或者向我表达感激,只是他的表达方式我不喜欢而已。多数情况下,触发信号里都暗含"请"的意思。如果你能听到对方不太中听的话语背后,是在请我为他做点什么,你的心情可能会平复一些。

7. 接下来,你打算如何做出回应。你可以选择

练习

同理他人或者自我表达。告诉你的伙伴你想要练习的是哪一个。

a. 如果你选择同理他人,记住同理的四个元素——临在状态、静默同理、表达理解和猜测需要。

   (1) 你可以使用这个同理他人的表达方式:"你是否感到_____(感受),因为你想要_____(需要)?"

b. 如果你选择自我表达,可以使用以下表达方式:

   (1) "当我看到/听到_____(观察)时,我感到_____(感受),因为我想要_____(需要)。"

   (2) 用以下请求语句来结束表达:

   (a) 一个行动请求,比如:"你能否告诉我_____?"

   (b) 一个连接请求,比如:"听到我这

练习

> 么说,你感觉怎么样?"或者:"你能否告诉我,你听到我说了什么?"

8. 在你做了同理他人或者自我表达之后,伙伴B第二次发出同样的触发信号,你在感觉自己被触发后,举手示意,并做出回应。

   a. 用同理他人或者自我表达对这个触发信号做出回应。如果第一次选择了同理他人,第二次就选择自我表达,反之亦然。

   b. 需要的话从第3步重复做起。

   c. 当你对这个练习感到满意以后,两个伙伴都卸下角色,暂停练习,互相确认已经停止角色扮演——两人不再扮演情境里的角色,而是做回自己,并与伙伴在一起。

9. 总结反馈:

   a. 让你的伙伴告诉你他在听到你的同理或者自我表达时的感受。这是在衡量你的话对建立两人之间的连接有什么样的效果。

> 练习
>
> b. 分享你在这个过程中的感受。
> c. 如果你的伙伴想要提供额外的反馈，建议他在给反馈前先询问你是否想要这些反馈。
> 10. 调换角色，第二个人开始他想要练习的情境。

练习与自己建立连接，用同理他人或自我表达对困难对话做出回应。这些都是在应对工作场所里的对话时所需要的重要技能。不管你的沟通技能怎么样，每一次对话都为你提供了学习和成长的机会。利用这些机会的最好方式就是，总结和反思每次的对话。这就是我们接下来要学习的内容。

总结反思找到新的可能

在工作场所中，工作总结本身就是工作流程的一部分。人们会在一个工作完成后花一些时间来评估工作完成的情况，哪些部分可以做得更好。但是对我们来说，一些非常重要的对话，特别是和最亲近的同事、家人之间的对话，却很少被总结和反思。如果你能回顾这些对话中哪些进行得顺利，哪些你想要做得更好，你将会从每次对话中学习，并不断提升自己的对话能力。那该如何做这样的总结呢？

我建议的流程是，在每次重要对话结束后，总结对话中有哪些需要没有被满足，哪些需要得到了满足。没有被满足的需要，我们可以带着遗憾哀悼；满足了的需要，我们可以带着感激去庆祝。这个练习可以独立完成，比如在心里默默地做，或者通过做笔记完成。你也可以找一个练习伙伴一起做。不管用哪种方式，在这个过程中，你关注的都是自己的需要是否得到了满足。你可以问自己，或者你的练习伙伴问你：在发生的对话里，自己的什么需要得到了满足，什么需要没有得到满足。然后留意你的身体反应，你的感受会帮你准确识别出这些得到满足或未被满足的需要。

练习

如果你是和一个伙伴练习,设置好你们练习的场景,商量好由谁先开始讨论他的情境。

第一部分
哀悼

如果你是自己练习,就通过自我同理反思你的对话中有哪些需要没有被满足。如果你是和一个伙伴来练习,你的伙伴可以通过以下步骤支持你完成这个反思的过程。

1. 观察:在脑海中回想对话情境
   a. 在这个情境中发生了什么,当事人说了什么、做了什么导致没有满足你的需要?
   b. 关于这个事件,你有没有任何负面想法、评判或者自己编织的故事?如果有,请从这些想法、评判中找到客观事实的部分,就是他人或者自己真的说了什么或者做了什么导致你的需要没有被满足。

> 练习
>
> 2. 感受：在回想这些事实的时候，留意你身体内的感觉和情绪，给这些感受找个名字。
> 3. 需要：通过你的想法和感受找到未被满足的需要。
>
> 　　循环练习：这三个步骤可以按照任意顺序进行，而且可以重复进行，直到你感受到了内在的平静。这表明你与你的需要有所连接了。
>
> **第二部分**
> **庆祝**
>
> 　　自我同理或让练习伙伴帮助你，看看对话里发生的事情满足了你的哪些需要。
> 1. 观察：在脑海中回想对话情境
>   a. 这个情境中发生了什么满足了你的需要？
> 2. 感受：留意你身体内的感觉和情绪，给这些感受找个名字。
> 3. 需要：通过你的想法和感受找到已经被满足的需要。

练习

循环练习:正如第一部分那样,你也许需要多次重复这几个步骤。同时,在你进入第二部分时,你也许会发现更多与未被满足的需要相关的想法和感受冒出来。这时,你可以回到第一部分,然后在第一部分和第二部分之间往复练习。

第三部分
为未来的相似情境找到新的可能性

1. **通过第一部分和第二部分的学习**:你现在是否有任何新的想法、洞察,或者看到新的可能?从第一部分和第二部分的练习中你学到了什么?

2. **行动计划**:在有了新的学习后,你打算如何为未来相似的情境做准备?在这个准备中,你是否想要练习某个沟通技能?你是否打算与反思情境里涉及的人重启一次对话?你是否对自己或其他人有什么请求?

3. **练习**:在形成一个行动请求和计划以后,你也

练习

许想要练习如何更好地在未来的类似情境里进行对话。你可以通过角色扮演和练习伙伴或者教练来练习这场对话,也可以把这个想象的未来场景用笔记记录下来。

循环练习:在进入第三部分的最后一步时,你也许会注意到自己有更多的学习和洞察。如果是这样,你可以重新回到前面的步骤。你也许还会发现自己有更多与反思情境相关的需要,有些是得到满足的,有些是未被满足的。如果是这样,你可以回到第一部分和第二部分。

在每个伙伴完成练习后用下面的方式**总结**:

1. 从刚完成哀悼和庆祝的伙伴开始分享,说说自己在整个练习过程的不同节点上分别有什么样的感受。
2. 然后让练习伙伴分享自己的感受。
3. 接下来,完成哀悼和庆祝的伙伴看看是否需要向他们的练习伙伴提出请求,请他们给予自

> **练习**
>
> 己某些特定的反馈。
>
> 4. 最后,如果练习伙伴想给完成了哀悼和庆祝的伙伴一些建议,关于其在练习的情境中可以有什么不一样的做法,那么这个时候,练习伙伴可以询问其是否想听这样的建议。

总结反思已经发生的对话,找到未被满足的需要,同时庆祝被满足的需要。这个总结反思的过程可以纳入团队的工作流程,作为团队总结工作时的常规做法。在团队中进行这个练习时,可以从庆祝被满足的需要开始。团队成员可以描述观察到的客观事实,看看发生了什么,让团队成员的需要得以满足,并因此对发生的事件心存感激。与其从寻找未被满足的需要开始,不如先看被满足了的需要,因为这样可以让团队成员更加轻松愉快地回顾这个过程。相信大家正在关注的是成员的需要,而不是对这个事件的评判。在完成这个部分以后,可以转而思考团队成员的哪些需要没有被满足，以及在接下来的工作中，是否能找到新的方法，看到新的可能，从而更好地满足团队成员的需要。

学习循环

对于已经发生的事件，很多人偏向于用评判的视角思考，对当事人有待完善的行为偏向于责备，甚至惩罚。这样的评价方式必然会导致当事人在做事过程中寻求避免被责备和被惩罚的方法。那么，延续熟悉的旧有模式就是相对安全的。这将让他们无法学习到更具开创性和适应性的新行为。总结反思困难对话以找到新的可能，给我们提供了另外一种视角。我们不再聚焦在谁对谁错，而是把焦点转向那些被满足了的需要，以及未被满足的需要。在一次重要对话结束之后，通过评估哪些需要得到了满足，哪些需要未被满足，你可以从中学习，思考如何让那些未被满足的需要在未来更好地得到满足。建议你在开始真实对话前，用我们前面介绍的准备困难对话和练习困难对话的方式提前练习。在充分准备之后，再进入真实对话。无论真实对话进行得如何，事后你都要用总结反思的方式寻找被满足的需要和未被满足的需要，为下一次对话做准备。整个过程就是一个完整的学习循环，帮助你通过一次次对话，提升自己的沟通技能，同时保证自己的需要得到很好的满足。通过这样的学习循环，相信你的生活质量也将得到极大改善。

第三部分

促进团队合作的其他沟通技能

现在，你已经学习了如何与自己内在的感受和需要连接，也学习了如何通过同理倾听和化解敌人形象与他人的感受和需要连接，而且通过不断总结反思有挑战的对话情境来学习如何更好地满足自己和他人的需要。在团队工作中，除了这些沟通技能外，一些特殊情境还需要其他技能来让对话更加高效、顺畅。这些特殊情境可能是：

- 你需要打断某人。
- 你的请求被拒绝，或者你需要拒绝他人的请求。
- 你需要给团队成员一些反馈或者接受他人的反馈。
- 你需要向某人表达感激。

在这个部分，我们将教你如何在以上情境中表达自己，同时还能与自己和他人的需要保持连接。

打断对话

很多人从小就被教导说，不要打断他人说话，因为这是很不礼貌的。但是实际上,在必要的时候打断他人是一项非常重要的沟通技能,特别是当会议的谈话偏离了主题时,往往需要有人能够及时打断发言的人,让会议聚焦议题。在这些时候,打断他人不是为了让他人听你说话,而是为了让每个人的需要都得到满足。当你是为了澄清并核对他人说话的内容而打断他人时,你这么做也是在帮助说话人能被更好地倾听和理解。如果听不懂他人说的,或已经听不进他人说的,却因为担心不礼貌而假装在听,这并不是好的做法。这种情况下,及时打断他人并不是粗鲁的,而是让沟通更加有效。

要让打断促进沟通而非扰乱沟通,让打断不破坏你和说话者之间的连接。这需要你在打断说话者之前,弄清楚自己打断的目的,以及想要被满足的需要。这将帮助你在打断说话者的时候使用直接简明的语言,以达到促进沟通的目的。

以下是你可以通过打断说话者,从而让双方的需要都得到更好满足的情境:

- 说话者一直在说话,你可以打断说话者,反馈你所听到的内容,让他知道你听到了他所说的话。
- 你不确定自己是否理解了说话者的意思。你可以打断说话者,与说话者核对你所理解的意思,确认你所听到的是否是他想要表达的意思。
- 说话者的发言已经离题,你可以打断他,这样大家可以聚焦在事先同意的议程上,或者必要时,大家可以商议是否需要改变议程。
- 说话者一直说个不停,你实在不想听了,这时可以打断说话者。

在你打断他人前,可以先做几个深呼吸,与内心的感受和需要做一个连接。在开口打断他人时,你要尽快让说话者知道你打断他的目的,以及想要被满足的需要,而且尽快用一个具体的请求来结束你的打断。比如你可以说:"对不起,我真的想要明白你在说什么。你可否用两句话总结一下你所说的意思?"

打断对话小贴士：

- 打断前，给自己充足的时间想好怎么说。
- 打断后：
★ 简明直接地表明你为什么打断说话者，你的需要是什么。
★ 用精简的语言提一个具体请求。
★ 用比如"对不起…"来开头，以获得说话者的注意。
- 打断时，注意你如何使用手势。
★ 比如，举起手用手掌对着说话者，也许会让对方感受到你的对抗，而不能很好地接受你的打断。

> **练习**
>
> 1. 和你的练习伙伴商议谁来做说话者，谁来做打断者。
> 2. 打断者告诉说话者：
>   a. 说话者角色扮演的人与打断者的关系，比如："你将要扮演我的同事。"
>   b. 打断者想要说话者在角色扮演中说什么。

练习

3. 说话者开始说话,在他说话的时候,打断者在心里默默思考自己希望通过打断满足什么需要,并且想好自己想要向说话者提出的一个请求。
4. 打断者接下来做出打断,说出他想说的话。
5. 打断后,停止练习,卸下角色,进行总结。
6. 在总结中:

   a. 打断者让说话者分享他因为被打断而有什么样的感受。让说话者分享他的感受,可以衡量说话者在被打断后,与打断者之间的连接质量是怎么样的,以此来评估打断者的打断方式是有助于保持两人之间的连接,还是破坏了连接。

   b. 然后打断者分享他在准备打断和实施打断的过程中有什么样的感受。

   c. 如果说话者想要提供额外的反馈,首先需要询问打断者是否欢迎这样的反馈。

   d. 在重复两到三次这个角色扮演的练习后,调换角色,重新开始。

"不"背后的需要

当你向他人提出一个请求却被对方拒绝时,你通常的反应是什么?对很多人来说,可能是生气,也可能是沮丧,还可能是因此和对方发生冲突。那么在请求遭到拒绝后,还有没有别的方法能够让你与对方保持连接和沟通,同时还能满足你们双方的需要呢?答案是有。而且这个方法在你需要拒绝他人的请求时,也同样可以帮到你。

如果你向他人提出了一个请求,对方没有干脆地回答你说"好的",那么你就需要搞清楚对方的需要是什么,因为这些需要不能够被满足,才会让他们对你的请求说"不"。换句话说,你要寻找对方说"不"背后他想要被满足的需要。

如果你是被请求的那个人,你无法清晰地回答"好的",你要向对方表达你的需要,因为这些需要无法被满足,才让你向对方说"不"。

在这两个场景中,你都可以在最后追加一个请求,目的是表明你希望既满足对方的需要,也满足你的需要。这能让对话继续下去,并且向着合作共赢的方向推进,而不是走向冲突和失连。

我们举一个例子,从两个角度来说明"不"背后的需要,包括接受请求和提出请求。

同事问你能否帮他完成一个他将要提交的报告。你不想答应他,但是你的回应方式可以不是简单地说"不行",而是用一种能够和同事保持连接的方式,让他知道你对他说"不"是源于你要满足什么样的需要。你可以这么说:"我真的想帮助你,但是现在我正在做的项目也临近截止日期,要按时完成我也有很大的时间压力。你能不能让其他人帮助你完成报告?"

反过来,如果你是那个向同事请求帮助的人,而你的同事回答说:"不行,我不能帮你。"你可以寻找同事拒绝你背后他的需要。你可以这么问:"是因为你自己的项目也有很大的时间压力吗?"如果你的同事在听到你请求帮助后,是直接回应你说:"不行,我自己的项目都还不能按时完成。"那他已经明白告诉你他说"不"

背后的需要。

通常,当他人拒绝你的请求时,你是能够猜测出他们说"不"背后的需要的。但是,当你实在不知道他们为什么拒绝你的请求时,你可以进一步询问他们的需要。这么做的好处是,帮助你和对方保持连接,因为听到"不行"常常会带来被拒绝感,你可能会感到受伤,对对方产生怨恨,与对方失去连接。当你猜测出对方拒绝你背后他的需要,并把这个需要说出来,与对方核实时,你就能清楚地知道他们不能答应你的原因,你会更加理解和谅解对方,也不会因为请求被拒绝而感到那样受伤。

练习

1. 与伙伴协商好谁先开始练习他的情境(假设先开始的是伙伴A,后面都是用"你"指代伙伴A。)
2. 你告诉伙伴B要角色扮演的人与自己的关系,比如:"你将要扮演我的老板。"
3. 让伙伴B知道,你练习的是向伙伴B提出请

练习

求后,寻找他拒绝你背后他的需要,还是伙伴 B 向你提出请求,然后寻找你拒绝他背后自己的需要。

a. 如果你练习的是你提出请求,伙伴 B 的角色是用"不"给予回应,然后你同理猜测伙伴 B 的需要,伙伴 B 对你的同理做出回应,最后你重新向伙伴 B 提出一个请求,伙伴 B 再次回应。

b. 如果你练习的是接受请求,让伙伴 B 知道他要向你提出的请求是什么。

当你向伙伴 B 提出请求时:

1. 练习开始前,你可以先做一次自我连接,并把这个连接的过程说出来。这样伙伴 B 就能够知道你的状态。
2. 向伙伴 B 提出你的请求,同时说明你提出这样的请求是希望能够满足什么样的需要。
3. 伙伴 B 用"不"给予回应。

练习

4. 同理猜测伙伴B说"不"背后他的需要。
5. 在伙伴B对你的同理做出回应以后,你提出另一个请求,尝试兼顾双方的需要。
6. 如果伙伴B的反应不是一个爽快的同意,继续对他同理,猜测他的需要,然后再找一个能兼顾双方需要的请求,直到双方达成一项协议。
7. 卸下角色,进行总结。

总结:

1. 你分享在提出请求和同理伙伴B的练习过程中有什么样的感受。
2. 伙伴B分享他在练习中的感受,最好能具体说明练习中哪个特别的环节给了他什么特别的感受。
3. 在伙伴B想要给你建议(比如伙伴A可以有什么不一样的说法或做法)之前,首先需要询问你是否想要这样的反馈。

当你接受伙伴B的请求时:

1. 练习开始前,你可以先做一次自我连接,并把这

练习

  个连接的过程说出来。这样伙伴 B 就能够知道你的状态。当你准备好开始以后让伙伴 B 知道。
2. 伙伴 B 提出请求。
3. 同理伙伴 B 提出这个请求背后他的需要,这么做的时候,同时也是确认他请求的内容。
4. 拒绝这个请求,同时表达你的需要。
5. 伙伴 B 寻找另一个可以兼顾双方需要的请求。
6. 继续对话,直到双方达成一项协议。

总结:
1. 你分享在练习过程中的感受。
2. 伙伴 B 分享他在练习中的感受,最好能具体说明练习中哪个特别的环节给了他什么特别的感受。
3. 在伙伴 B 想要给你建议(比如伙伴 A 可以有什么不一样的说法或做法)之前,首先需要询问你是否想要这样的反馈。

给予和接受反馈

无论是工作,还是个人生活,给予反馈和接受反馈对每个人的学习和成长都是至关重要的。反馈给了我们重要信息,让我们知道自己哪里可以做得更好,哪里需要改变,从而使我们获得成长。但不管是欣然接受他人的反馈,还是给予受他人欢迎的反馈,通常都是困难的。不管是给予反馈,还是接受反馈,我们都需要聚焦在与自己,以及与对方的连接上。如果没有连接,反馈不太可能以双方希望的方式被接受。一旦发现你与自己,或与对方失连了,你要能够聚焦在重新创造连接和加强连接上,这点非常重要。

为什么给予反馈和接受反馈时要聚焦在与自我和与对方的连接上呢?原因如下:

1. 如果和自己失连了,我将很难做到:

a. 接受他人的反馈,并从他人反馈中有所学习和成长;

b. 给予他人容易被其接受的反馈。

2. 如果我知道自己的需要,我和自己是连接的,我将更有可能接受他人的反馈，无论这个反馈听起来带有多少评判，无论我与给予反馈的人有多少连接。

3.如果我和对方是失连的，我们都不知道彼此的需要，那么对方不太可能接受我给予的反馈，无论我的初心多么好。

在给予他人反馈时，如果你能清楚表达你的观察、感受、需要和请求，你会发现对方可能更容易接受你的反馈。当你把观察到的客观事实告诉对方，并不带任何评判时，对方更有可能继续倾听。比如你要给下属一个反馈，你这么说："昨天我们说好早上十点你把报告给我，这样我就可以带着报告参加和销售经理的会议，但是你是在昨天下班前把报告给我的。"这个反馈里表达的就是一个客观事实，没有评判。听到这个反馈的下属在事实面前是可以情绪稳定地接受的。

通常，在反馈中使用评判的一个后果是：对方会在内心抵触这样的评判，也不太可能心平气和地接受你接下来要说的话。你和反馈接受方就出现了失连，甚至对抗。所以请记住这一点，在给予反馈时，只描述你的观察，不要带入任何评判。

当然，你不能阻止一个人把你的观察理解为评判，比如在上面列举的这个反馈里，即使你表达的是一个事实，并没有批评下属，但是当他听到你说的这句话后，可能在心里还是会想："这是在指责我没有按时完成交代的工作了。"不管怎么样，你能够做的是，尽可能客观地描述事实，然后表达你当下的感受和需要，与对方保持连接。这样你的请求才更有可能被对方接受。

所以，在这个例子中，你可以这样给予反馈："当你没有能够按照说好的时间给我你的报告时，我感到很失望，因为我很看重团队合作，我需要你的支持。我想知道为什么你没有在会议前给我报告。你能告诉我发生了什么吗？"

在这个例子中，给予反馈的人是因为不喜欢对方的行为，而不是对方这个人，并希望对方有所改变而进行反馈。而当给予反馈是因为对方做了一些你喜欢的、让你很感动的事情时，你就是在表达感激。我们将在下一部分里介绍。

练习

和你的练习伙伴决定谁将给予反馈,谁将接受反馈。给予反馈的是伙伴A,接受反馈的是伙伴B。

1. 伙伴A告诉伙伴B他要角色扮演的人和自己的关系,比如:"你将扮演我的同事萨拉"。
2. 伙伴A花一点儿时间静静地思考要反馈的场景,并构思一个要给予的反馈。这个场景可以是一个真实经历的重演,也可以是预测自己会在未来遇到的某个场景。
3. 伙伴A和伙伴B可以先各自做一次自我连接。
4. 双方同意开始练习。
5. 伙伴A向对方说出想好的反馈。
6. 伙伴B不需要做出回应,只需要花点时间想一想他想要说什么,并记住这些话,在最后的总结阶段分享。
7. 停下来,卸下角色,进行总结。

练习

8. 在总结时:

   a. 伙伴A让伙伴B分享他在听到反馈时的感受。让伙伴B分享他的感受是衡量两人之间连接质量的方式,以此评估伙伴A给予反馈的方式是否有助于建立两人之间的良好连接。

   b. 伙伴A分享自己在给予反馈过程中的感受。

   c. 如果伙伴A想要得到额外的反馈,比如伙伴B对听到的反馈会做出什么样的回应,这个时候可以请伙伴B分享。

   d. 如果伙伴B想要提供额外的反馈,首先需要询问对方是否想要这样的反馈。

9. 在重复角色扮演的练习两到三次以后,调换角色,重新开始。

前面这个练习聚焦的是，给予反馈的伙伴如何用更容易被接受的方式来给予反馈。接受反馈也可以进行练习。因为在听到一些反馈时，你也许会被触发，进入"战斗－逃跑－冻住"的压力反应中。这时，你可以用我们前面讲过的练习困难对话的方法来练习。通过练习，你可以对那些容易引起你情绪反应的触发信号不再那么敏感，在意识到自己进入压力反应状态的第一时间停下来，进行自我连接，看到自己内在的感受和需要，让自己保持在当下状态，更加理智地做出回应。如果你只是不太理解或者不太明白你听到的反馈对你可以有哪些帮助，你可以从练习困难对话的第七步开始，使用同理他人或自我表达来确认对方想要表达的意思，这样让收到的每一个反馈都成为自己学习和成长的机会。

表达感激

在我们的工作和生活中，总有需要我们表达感激的时候。前面提到，表达感激也是给予反馈的一种特别形式。所以，同样重要的是，在表达感激时，要区分开观察到的客观事实和你对事实的评价。在表达感激的时候，尽量清楚地表达你观察到的事实，带给你的感受，以及满足了你什么样的需要。如果有请求，再加上请求。表达感受不是必需的，但是能够帮助被感激的人明白他所做的事情带给了你什么样的影响，也正是因为这样的积极影响促使你表达这份感激。

以下是表达感激的一个例子：

"刚才你在电话里和鲍勃沟通的方式非常令人满意，我相信你现在能够独自处理和客户的电话了。听到我这么说，你感觉怎么样？"

或者

"我非常满意你处理那个电话的方式。现在，我对你有更多的信任，相信你已经准备好独立处理这些电话了。你对你的进步感到高兴吗？"

练习

1. 和你的练习伙伴决定谁将表达感激,谁将接受感激。表达感激的是伙伴A,接受感激的是伙伴B。
2. 伙伴A告诉伙伴B他要角色扮演的人和自己的关系,比如:"你将扮演我的客户皮特。"
3. 伙伴A花一点儿时间静静地思考要感激的场景,并构思一个要表达的感激。这个场景可以是一个自己想要练习的真实生活里的情境。
4. 伙伴A和伙伴B可以各自做一次自我连接。
5. 双方同意开始。
6. 伙伴A向对方说出感激:

    a. 具体说明观察到对方说了什么和做了什么促使自己想要表达感激;

    b. 对观察到的事情有什么样的感受;

    c. 这个事情满足了自己的什么需要。
7. 伙伴B不用做出回应,只用花点儿时间想一想听到感激时的感受是什么样的,并想象自

练习

己会说什么来回应,记住这些,在最后总结阶段分享。

8. 停下来,卸下角色,进行总结。

9. 在总结时:

   a. 伙伴A让伙伴B分享他在听到感激时的感受。让伙伴B分享他的感受是衡量两人之间连接质量的方式,以此评估伙伴A表达感激的方式是否有助于建立两人之间的良好连接。

   b. 伙伴A分享自己在表达感激的过程中有什么样的感受。

   c. 如果伙伴A想要得到额外的反馈,比如伙伴B对听到的感激可能做出什么样的回应,这个时候可以请伙伴B分享。

   d. 如果伙伴B想要提供额外的反馈,首先需要询问对方是否想要这样的反馈。

10. 在重复角色扮演的练习两到三次以后,调换角色,重新开始。

在工作场所中，表达感激的价值和意义经常被低估，但是它对人们的幸福感有着重要的影响。从现在起，请寻找尽可能多的机会向你的团队成员表达感激，看看这样做将如何改变你和团队成员的关系，以及如何提升整个团队的行动力、创造力和生产力。

飞行模拟器练习：给两人组练习的指导

本书中有很多可以和练习伙伴共同完成的练习，在这里给大家介绍一个练习方法，我把它形象地比喻为"飞行模拟器练习"。飞行员刚开始学习飞行时，都是在飞行模拟器上进行的。飞行模拟器可以模拟各种各样的真实情境，帮助飞行员在不危及自己和他人生命安全的情况下学习应对各种状况。除了飞行员，还有其他一些特殊人群也会借助模拟情境进行训练，这些特殊人群都需要在高强度压力下工作，比如现场急救员、急诊室人员和军方特种部队。通过模拟训练，他们能够在可控的情况下应对不同难度的挑战，从而不断提升自己的专业技能。

虽然你的个人生活和工作也许没有如此生死攸关的相似问题，但是你可以使用同样的方法，通过模拟不同沟通情境来练习，以提升人际交往能力。

飞行员在飞行模拟器上可以基于自己的技能水平，适当调高或者调低训练难度。这个原理也可以引入你和练习伙伴的练习中。你可以选择一个想要练习的真实情境，请你的练习伙伴和你进行角色扮演，模拟这个真实情境可能发生的对话，练习如何倾听和回应。练习的目的是帮助你体验真实情境下可能经历的压力反应，帮助你快速捕捉到自己进入压力反应时的最初迹象，然后有意识地停下来，和自我连接，减少身体内由压力反应导致的压力激素的释放，从而打破自动化反应，看到更多的行动选择，学习到新的沟通技能和压力情境下的应对方式。有效练习的方式就是，你能控制模拟情境中的对话难度和压力大小。这样你既能感到安全，也能有适度挑战，不会因为太过简单而感到无趣，也不会因为太难而感到气馁。所以，当你和练习伙伴在设置练习场景时，你可以在需要的时候向练习伙伴提出请求，请他适度调高或者调低对话的练习难度，然后以你希望的方式练习如何做出回应，以达到模拟练习的目的。

当你和练习伙伴做任何本书中提到的练习时，请使用下面的方法来设置和进行你们的练习。

练习活动开始前

1.快速检查一下每个人的状态，说说自己感觉如何。特别是当你或者你的练习伙伴经历着一定程度的压力时，把个人情况提前做一次沟通对你们的练习内容和练习方式都会有帮助。

2.看看伙伴是否有一个真实情境想要用来模拟练习。如果没有，你们可以构想一个一般性的场景，比如某个关系、家庭或者工作当中的冲突，然后在这些场景里创建模拟练习的角色。

3.决定好你们打算练习的情境，还有你们想要练习的具体技能。

设置角色和练习难度

1.决定谁扮演什么样的角色。

2.只用描述故事的一部分内容,让角色扮演的伙伴了解基本背景,知道如何开始就可以。不需要讲出整个故事,故事的大部分内容会在角色扮演的过程中呈现出来。

3.设置好练习难度,练习过程中还可以根据需要调整练习难度,保证练习难度适中,能达到最好的练习效果。

4.如果涉及个人隐私,提前和你的同伴达成保密协议。

5.在练习过程中,如果你们当中任何一个人的情绪受到触发,可以停下来,做自我连接。你可以说出自己自我连接的过程,这样你的练习伙伴能够知道你的状态,并支持你找到你的需要。

练习过程中的选择

1.情绪被触发时,可以暂停角色扮演,做自我连接。做自我连接时，可以把这个过程说出来或者默默在心里做。

2.任何时候都可以暂停练习，然后说出接下来你想做什么选择。

3.需要的时候可以暂停练习，然后让你的练习伙伴给予反馈。

4.当对话难度过高或者过低时，可以暂停练习，然后让你的练习伙伴调低或调高练习难度。

5.需要时可以重做你想做的练习。

练习结束后的总结和反馈

1.每个人都分享练习过程中的感受，告诉对方自己在某个特别时刻有什么样的特别感受。尽可能地具体，比如："在我说了……以后，你反馈了我的需要，我感到很安心。"

2.在给予反馈前询问对方是否想听这个反馈。

3.在反馈结束后，调换角色。这样第二个人也能够练习想要练习的情境。

附 录

拟似感受及其背后可能的感受和需要

拟似感受	感受	需要
被抛弃	恐惧 痛心 困惑 悲伤 惊慌 孤单	养育 连接 归属感 支持 关爱
被虐待	生气 沮丧 害怕	关爱 养育 支持 身心健康 照顾 让生命蓬勃发展
不被接受	生气 害怕 孤独	融入感 连接 社群 归属感 贡献 同伴的尊重
被攻击	害怕 愤怒	安全感
被轻视	生气 沮丧 紧张 痛苦	尊重 自主权 被看到 认可 欣赏
被背叛	生气 痛心 失望 暴怒	信任 可靠 诚实 尊重 承诺 清晰

拟似感受	感受	需要
被指责	生气　害怕 困惑　对抗 抗拒　糊涂 难过	责任　因果关系 公平　正义
被欺负	生气　害怕 有压力	自主权　选择权 安全感　体贴
被约束	生气　挫败 害怕　焦虑	自主权　选择权 自由
被欺骗	憎恨　痛心 生气	诚实　公平　正义 信任　可靠
被强迫	生气　沮丧 害怕　挫败 恐惧	选择权　自主权 自由　自由行动 自由选择
被批评	痛苦　害怕 焦虑　沮丧 丢脸　生气 尴尬	理解　认可　承认 责任感　非评判的沟通
被打折扣/ 被削弱	痛心　生气 尴尬　沮丧	重要感　认可　融入感 承认　尊重

拟似感受	感受	需要
不被喜欢	悲伤 孤独 难过	连接 欣赏 理解 认可 友谊 融入感
不被信任	悲伤 沮丧	信任 诚实
被当成出气筒	生气 不知所措	尊重 体贴
被骚扰	生气 沮丧 有压力 害怕	尊重 空间 体贴 和平
被麻烦	恼怒 痛苦 生气 沮丧	平静 自主权 用自己的节奏和方式做事 安静 空间
被忽略	孤单 害怕 难过 悲伤 尴尬	连接 归属感 融入感 社群 参与
被侮辱	生气 尴尬	尊重 照顾 认可 承认
被打断	生气 沮丧 憎恨 痛苦	尊重 被倾听 体贴
被恐吓	害怕 焦虑	安全感 平等 授权

拟似感受	感受	需要
被视为无效	生气　痛心　怨恨	欣赏　尊重　认可　承认
不被看见	悲伤　生气　孤独　害怕	被看见和倾听　融入感　归属感　社群
被孤立	孤独　害怕　担心	社群　融入感　归属感　贡献
被遗忘	悲伤　孤独　焦虑	融入感　归属感　社群　连接
被辜负	悲伤　失望　害怕	一致性　信任　可靠
被操控	生气　害怕　无力　挫败　沮丧	自主权　授权　信任　平等　自由　自由选择　连接　真诚
被怀疑	悲伤　生气	信任
被误解	心烦　生气　沮丧	被倾听　理解　清晰
被忽视	孤独　害怕	连接　融入感　参与　社区　关爱　重要感　体贴

附录 拟似感受及其背后可能的感受和需要

拟似感受	感受	需要
被压制	生气 无力 无助 困惑	平等 正义 自主权 自由
工作过度	生气 疲倦 沮丧	尊重 体贴 休息 关爱
被低一等的对待	生气 沮丧 怨恨	认可 平等 尊重 互惠互利
被压迫	焦虑 怨恨 不知所措	放松 清晰 空间 体贴
被挑衅	生气 沮丧 抗拒 对抗 憎恨	尊重 体贴
被贬低	生气 悲伤 尴尬	尊重 认可 理解
被拒绝	痛心 害怕 生气 蔑视	归属感 融入感 亲密感 被看见 认可 连接
被欺诈	生气 憎恨 失望	照顾 正义 公平 认可 信任

拟似感受	感受	需要
被窒息/束缚	沮丧 害怕 绝望	空间 自由 自主权 可靠 自我表达
被认为理所当然	悲伤 生气 痛心 失望	欣赏 认可 承认 体贴
被威胁	害怕 恐惧 恐慌 不安 蔑视	安全感 自主权
被蹂躏	生气 沮丧 不知所措	授权 连接 社群 被看见 体贴 平等 尊重 认可
被哄骗	尴尬 生气 憎恨	正直 信任 诚实
不被欣赏	悲伤 生气 难过 沮丧	欣赏 尊重 认可 体贴
不被听见	悲伤 抗拒 沮丧	理解 体贴 同理
不被爱	悲伤 困惑 沮丧	爱 欣赏 同理 连接 社群

拟似感受	感受	需要
被忽视	悲伤 焦虑 沮丧	认可 欣赏 被倾听
不被支持	悲伤 难过 怨恨	支持 理解
不被需要	悲伤 焦虑 沮丧	归属感 融入感 关爱
被利用	悲伤 生气 憎恨	自主权 平等 体贴 互惠互利
被伤害	害怕 无助	授权 互惠 安全感 正义
被侵犯	悲伤 愤怒 焦虑	隐私 安全感 信任 空间 尊重
被冤枉	生气 痛心 怨恨 恼怒	尊重 正义 信任 安全感 公平

* 以上内容是选自 2000 年 4 月非暴力沟通的一个工作坊（威斯康星国际强化训练营）里做出的列表，由苏珊·斯凯编辑。

非暴力沟通过程的
四个部分

清楚地表达自己 不带指责或批评	带着同理心倾听他人 不带指责或批评
··· 观察 ···	
1. 我观察到（看到、听到、记得、想象、不带我的评判）什么让我或没有让我感到幸福 "当我（看到、听到）……"	1. 你观察到（看到、听到、记得、想象、不带你的评判）什么让你或没有让你感到幸福 "当你（看到、听到）……" （有时同理他人是没有说出来的）
··· 感受 ···	
2. 我体验到的我的感觉（情绪或感觉，而不是想法） "我感到……"	2. 你体验到的你的感觉（情绪或感觉，而不是想法） "你感到……"

··· 需要 ···

3. 我需要或看重什么（不是一个偏好或者具体的行动）引起了我的感受	3. 你需要或看重什么（不是一个偏好或者具体的行动）引起了你的感受
"……因为我需要/看重……"	"……因为你需要/看重……"

不带要求地清楚表达能够滋养我生命的请求	**同理接纳能够滋养你生命的请求**

··· 请求 ···

4. 我想要采取的具体行动：	4. 你想要采取的具体行动：
"你是否愿意……？"	"你是否希望……？" （有时同理他人是没有说出来的）

关于非暴力沟通

非暴力沟通（Nonviolent Communication, 简称 NVC）在全球 60 个国家兴盛发展了超过四十年，被翻译成超过 30 种语言，卖出了 150 万册书，只因为一个简单的原因：它有用。

从卧室到会议室，从教室到战区，NVC 每天都在改变生命。NVC 提供了一个简单有效的方法，用和平的方式找到和消除暴力和痛苦的根源。通过看到我们言行举止背后没有被满足的需要，NVC 帮助人们减少敌对、疗愈创伤和改善职场及个人关系。现在，NVC 被广泛讲授和实践于全世界各种各样的机构中，包括企业、学校、监狱和调解中心等。它引导着人类沟通方式的变革。越来越多的组织、企业和政府把 NVC 的理念融合到他们的组织架构和领导方式中。

很多人都非常希望学习一些沟通技能来提升人际关系的质量，提升个人幸福感，让沟通更加高效、和谐。不幸的是，我们很多人从出生起接受的教育就是竞争、评判、要求，用"对"和"错"来思考，来与人沟通。这种教育的结果就是，我们习惯的思考和表达模式无法兼顾双方需要，导致误解和冲突，更糟的还会引发愤怒和伤痛，甚至导致暴力。即使有时人们的初心很美好，却在无意间制造了不必要的冲突。

NVC帮助我们深入表面的言行举止之下，发现我们内心鲜活和重要的东西，看到我们所有的行动都不过是源于想要满足人类某些普遍的需要。我们学习感受和需要的词汇，让它们帮助我们更加清楚和准确地表达在某些特定时刻我们的状态是怎么样的。当我们理解和认可彼此的需要，我们就能够构筑一个共同的基础，创造一个更加让人满意的关系。

通过学习NVC，全世界成千上万的人已经改善了各种关系。现在，邀请你加入！

关于非暴力沟通中心

非暴力沟通中心（The Center for Nonviolent Communic-ation，简称CNVC）是一个国际性非营利的和平调解机构，它的愿景是创造一个每个人的需要都能够被和平满足的世界。CNVC致力于支持非暴力沟通（简称NVC）在全世界的传播。

CNVC是在1984年由马歇尔·卢森堡博士创立的。CNVC一直致力于在思想、语言和行为层面引发社会变革——向人们展示如何以激发同理心的方式创造人与人之间的连接。现在，NVC在全球被广泛讲授于社区、学校、监狱、调解中心、教堂、企业、专业会议等多个领域。上百位认证培训师和上百位支持者每年在超过60个国家为成千上万的人培训NVC。

CNVC相信，NVC培训对构建一个富有同情心的和平社会是关键的一步。你的免税捐赠将帮助 CNVC 继续为世界上一些最贫穷的、充满暴力的地区提供培训,也将继续支持那些致力于把 NVC 带到最需要的地区和人群的培训项目。

访问 CNVC 网站(www.CNVC.org)可以进行捐赠,或者找到更多下面列出的有价值的学习资源:

培训和认证:在这里可找到当地、本国和国际的 NVC 培训机会,找到培训师认证信息,联系到当地的 NVC 社区、培训师及更多其他信息。

CNVC 书店:在这里,你可通过邮件或电话预定关于 NVC 的书籍、手册、音频和视频资料。

CNVC 项目:在这里,你可参与一些地区性和主题性的 NVC 培训项目,这些项目都是 NVC 在某个特定领域的实际运用。

电子社群和邮件群发系统:在这里,你可加入一些全球性的 NVC 主题网络社群和注册接收 NVC 主题邮件。这些社群和邮件可以支持个人在 NVC 上的学习和持续成长。

了解更多信息，请联系 CNVC：

地址：9301 India School Rd., NE, Suite 204, Albuquerque, NM 87112-2861

电话：505-244-4041

电话（仅限美国）：800-255-7696

传真：505-247-0414

电子邮件：cnvc@CNVC.org

网址：www.CNVC.org

关于作者

艾克·拉萨特：法学博士、调解人、培训师、演说家。他为机构和个人在冲突管理方面提供专业的技能培训，包括在有挑战的情境里使用这些技能的能力。他也是一位私人调解人，引领冲突各方进行对话和建立连接。

艾克曾经是一名民事审判律师，他与伙伴联合创立了一家有20名律师的事务所。在美国加利福尼亚的州法院和联邦法院，他为多起复杂的、涉及多方利益的商业案件和环境保护案件提起过诉讼，从业长达二十年。他拥有加利福尼亚大学伯克利全球能源政策研究院的城市规划硕士学位。艾克跟随心理学家、非暴力沟通的创立者马歇尔·卢森堡博士学习超过十年。在他的成长过程中，他看到人际冲突也可以是人际连接的机会，并把他的关注点从法律转向了培训。NVC的理念和他的个人价值观非常一致，这些价值观与他长期进行禅宗冥想、瑜伽——他在1975年与伙伴联合创办了《瑜伽杂志》(*The Yoga Journal*)，以及合气道的练习也有密切关系。

艾克和他的同事约翰·凯恩联合创立了一个叫作"调和人生"的培训项目，培训为期一年，现在这个项目在五个国家开展。（更多信息请查阅 www.mediateyourlife.com。）

艾克曾经担任多个机构的董事会成员，包括非暴力沟通中心、北加利福尼亚的争议解决协会、加利福尼亚瑜伽培训师协会、旧金山律师俱乐部、耶鲁人文社区，以及美国地区法庭所属的加利福尼亚北部地区法庭的调解委员会。

他是多所大学的客座讲师，包括方提斯大学、荷兰汉恩应用科学大学、加利福尼亚大学伯克利分校和耶鲁管理学院。艾克在20多个国家开展过工作坊，足迹遍布北美洲、南美洲、欧洲、非洲、大洋洲和亚洲。服务过的机构有中国广州东风日产、意大利的迪卡侬、纽约冷泉和俄亥俄克利夫兰的格林伍德、克利夫兰都市酒吧协会、原则性家庭倡导中心和俄亥俄东北部调解协会，等等。他主导的调解包括加利福尼亚大学圣克鲁兹分校的大型项目,其中涉及100名管理层领导,还有加利福尼亚大学洛杉矶分校一整个部门的老师。

2002年初,在9·11恐怖袭击之后,艾克和约翰·凯恩到过巴基斯坦的阿富汗难民营为年长的领导者提供冲突解决的技能培训。在2016年春季,他和他在阿耶什的同事一起,为叙利亚革命全国联盟的叙利亚政治反对领袖以及伊斯坦布尔的反对军提供培训,与他们分享在激烈冲突和谈判过程中与对方建立连接和有效沟通的技能与工具。

了解更多关于艾克和他的工作信息,请访问 ikelasater.com,在那里你还可以注册他的邮件群发系统。

艾克的社交媒体:

脸书:facebook.com/IkeLasaterPage

推特:twitter.com/ikelasater

获取艾克工作坊中相关练习的培训视频,请访问:www.mediateyourlife.com/practice-video-series